上位1%の成功者が独占する願望達成法

確実に目標を達成する「ニューロン・インプルーブ・コントロール」

林貞年
hayashi sadatoshi

現代書林

はじめに

昭和40年代に入り、日本でも「成功には法則がある」という学説が流行しました。

願い事を叶えるための科学的な方法があるということですね。

しかし、その学説の中身は「成りたい自分を自己暗示しなさい」または「自分が成功しているところをイメージしなさい」というものです。

確かに成功は「運」より「法則」を知っているかいないかのほうが重要です。

でも、自己暗示や成功イメージは、それが有効な人とまったく役に立たない人がいるのです。

もし、あなたが自己暗示も成功イメージも役に立たない人なら、どんなに頑張っても何の変化も起こらず、貴重な時間を無駄にするだけです。

他人が成功する方法を身につけても仕方ありません。あなた自身が成功する方法を身につけてください。

私の仕事は**心理カウンセラー**です。

過去20年、人の深層心理に携わり、多くの悩める人と向かい合ってきました。深層心理を相手にしてきたと言っても、心の力を使って「願えば叶う」などと雲をつかむような話をするつもりは一切ありません。

この本で述べる願望達成法は、極めて現実的で確実な方法です。

貧乏な人も不幸な人もある種の病気なのです。病気として取り掛からない限り、貧乏も不幸も治りません。しかし、病気として取り組めばたちまち変化が起こります。

私のカウンセリングは**催眠療法**が専門です。

催眠と聞くと、ステージの上で踊りを踊らせたり、人の人格を変えてみたりと、まるで洗脳やマインド・コントロールのような印象をお持ちの方が多いと思います。

でも、実際の催眠療法でそのようなことはまずやりません。

催眠療法は、潜在意識の中でクライアントを苦しめている「信念」にアクセスするための技術です。

たとえば、高所恐怖症の人が高い所へ登り、「怖くない、怖くない」と自分に言い聞かせても、潜在意識が怖がっていたら、恐怖に足が震え、立っていることもできなくなるでしょう。

また、会社の中の同じ立場にいながら、他の同僚には楽な仕事がまわってくるのに、あなたにはいつも嫌な仕事がまわってくる。実はこれも潜在意識の中にある「無意識の習慣」が引き起こしていることなのです。

恐怖を克服するときも、あなたに悪影響を及ぼしている無意識の習慣を改善するときも、潜在意識を操縦《そうじゅう》しない限り、改善されることはありません。

そして、長い間、潜在意識に関わってきた私は、ある日、**心の病気を治す方法と、成功者になる方法がまったく同じプロセスであることに気付いた**のです。

心には、意識できる心と意識できない潜在意識のふたつがあります。

意識と潜在意識を乗馬に例えると、さしずめ騎手が意識で、馬が潜在意識にあたります。潜在意識という暴れ馬を乗りこなすテクニックを身につけない限り、あなたは人生を思い通りにはできない。

「お金持ちになりたい」

「成功者になりたい」

こんなふうに意識が願っていても、潜在意識が「私には無理だ」と思っていたら、お金持ちにも成功者にもなれないのです。

「俺は生まれつきお金に縁がない」
「私は運に見放されている」
「人生は思い通りにならない」

こういった思いが、潜在意識の中にある人は、その通りになってしまいます。

すべては潜在意識をどうコントロールするかにかかっているのです。
そしてこの本に書かれている**催眠療法から生まれた願望達成法ＮＩＣ理論**こそが潜在意識を乗りこなす**最良の方法**なのです。

難しいことやできないことは何ひとつありません。また、催眠療法だからといって、暗示療法のような話をするつもりもまったくありません。

この本に書かれている通りのことをするだけで人生は思い通りになります。

読者の中には、すでに何年も前から願望達成のための勉強や潜在意識の勉強をしている人もいると思います。

そんな人は、潜在意識が成功のカギを握っていることなど、十分すぎるぐらいわかっていることでしょう。

しかし、そんなあなたが、未だにこの本を手にしているということは、まだ満足のいく人生を歩んでいない、いや、私が思うに、成功を求め始めたときと比べて、何も変わっていないのではないでしょうか？

下手をすると、願望達成の勉強を始めた頃より、貧乏でしんどいだけの生活を送っているかも知れません。

あなたはこんな勉強をしてきませんでしたか？

「自分が成功しているイメージを浮かべれば、いつか奇跡が起こる」
「成功者になると自己暗示を繰り返していれば、いつか成功を引き寄せる」
「願い事を紙に書いて家の中の目に付く所に貼っておけば、いつか願い事が叶う」

しかし、いくらイメージを浮かべても、いくら自己暗示をしても、願い事を紙に書いても、一向に変化が起こらない。

そうじゃないですか？

潜在意識に何かをインプットすれば願いが叶うと思っている人は、潜在意識をパソコンや録音機と同じような感覚で捉えているのです。

しかし、**潜在意識は機械ではありません。**

変化を起こすためには、潜在意識に何かをインプットするのではなく、潜在意識を操縦しなければいけないのです。

この本を読んで**正しい潜在意識のコントロール法**を学んでください。正しい成功法を学べば時間差などありません。たちまち日常生活に変化が起こります。

第1章の前半は、潜在意識の基本的な働きについて述べています。初めて願望達成の方法を学ぶ人たちに対して、基本的な部分から始めているのですが、すでに潜在意識の勉強をしている人も、自分の知識を整理するつもりでもう一度読んでみてください。今まで学んできた成功法則の間違った部分にきっと気づくはずです。

第2章では、催眠療法から導き出された**確実な成功法「N-C理論」**を詳しく説明していきます。第3章では、あなたの日常を好転させる潜在意識の操縦法を具体的に紹介していきます。

人生は一度しかありません。今この瞬間にも人生の終りに向かって時が刻々と流れています。どうぞこの本で願望を達成して、一日も早く贅沢で幸せな暮らしを開始してください。

２０１４年2月

林　貞年

上位1%の成功者が独占する願望達成法●目次

第1章 あなたの成功は潜在意識が決める

第2章 成功を引き寄せるNICの法則

第3章 人生がすぐに変わる潜在意識の操縦法

NEURO IMPROVE
CONTROL

第1章

あなたの成功は潜在意識が決める

車を持ち上げた22歳の女性

２０１２年７月、アメリカ・バージニア州の民家で車の整備をしていた男性が車体の下敷きになるという事故が発生しました。

男性は自宅のガレージで愛車のマフラーを点検するためにジャッキをかまし、車を持ち上げて車体の下にもぐり込んでいたのです。

車と地面との狭い場所で仰向けになり、点検作業をしていた男性は、うかつにもジャッキに体が触れてしまい、そのまま車の下敷きになってしまいます。

１・８トンの車体と地面との間に挟まれた男性は心臓が停止していました。

そのころ母屋《おもや》で母親と雑談をしていた娘ローレン（22歳）は、なぜか父親の異変に気づき、ガレージへ行きます。

車体に圧迫されて声を出すこともできず、死の淵をさまよっている父を見たローレンは

「絶対に死なせない！」という強固な想いで1・8トンの車体を持ち上げることを試みるのです。

大きく息を吸い込み、叫び声を上げながら力を入れる。

そして「絶対に父を死なせたくない」というローレンの想いは奇跡を起こすのです。ローレンの叫び声と共に、1・8トンの車体は持ち上がり、父親の体から車体を横へずらすことに成功します。

その後、救急車で搬送された父親は、数箇所の骨折はあったものの、命に別状はありませんでした。一見、信じがたいような出来事ですが、これは新聞でも報道された実際の出来事です。

では、ローレンが起こした奇跡は、父親を助けたいと想う気持ちが未知の力を呼び込んだのでしょうか？

いいえ、そうではありません。1・8トンの車体を持ち上げる力は、元々ローレンの中にあったのです。この力を**潜在能力**と言います。

文字通り、普段は潜在している力ですから本人すら気づくことはありません。しかし、

この潜在能力は誰もが持っています。ただ意識できないので気づかないだけです。

もちろん、あなたの中にも潜在している驚くべきパワーは宿っています。

催眠が見つけた潜在意識

人の心に無意識の領域、いわゆる潜在意識があることを発見したのは心理学の父と呼ばれたジクムント・フロイトです。

フロイトは、当時、神経学の最高権威であったジャン・マルタン・シャルコー教授から催眠の指導を受けています。

後に、自らの治療に催眠を活用していたフロイトは、ある日、本人も気づいていない心の一部があることを発見するのです。

それが今日にいう「無意識」です。

フロイトはこの無意識の力と意識の力の比率を氷山を用いて説明しました。

フロイトが氷山にたとえた心の構造

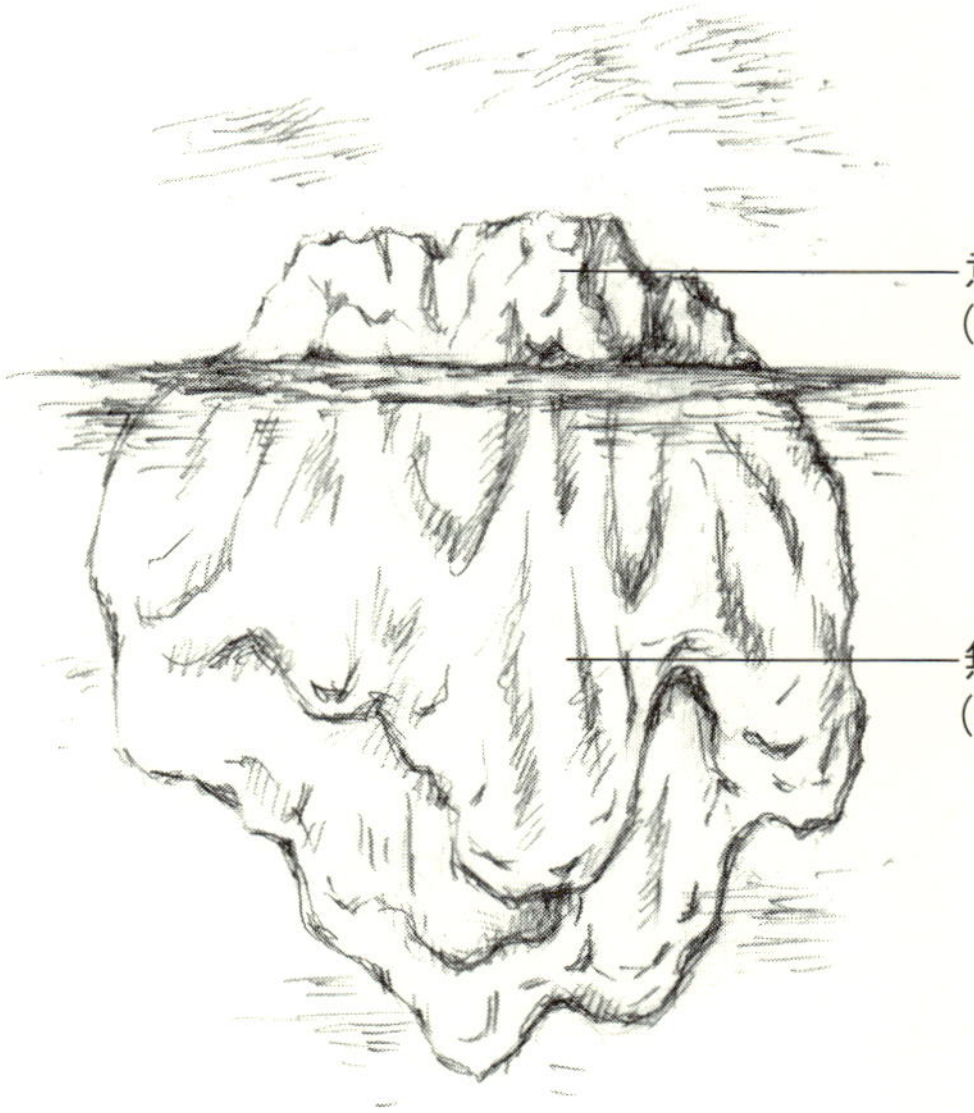

水面上に浮かぶわずかな部分が意識の領域で、水面下に沈む巨大な部分が無意識の領域です。

今あなたが腕を真っ直ぐに伸ばし、その腕を誰かがひじのところから曲げようとしています。

でも、あなたは腕を曲げたくないと思う。

この思いが意識のレベルなら、腕は簡単に曲げられてしまいます。

しかし、「私の腕は鉄の棒のように硬くなった！　誰にも曲げることはできない！」と、無意識のレベルで思い込むことができたら、もう誰が曲げようとしても絶対に曲がりません。

それだけ無意識に入り込んだ思いは強力なのです。

あなたの意識が「会社を立ち上げてお金持ちになりたい」と思っていても、潜在意識が「会社を立ち上げて成功するのは才能のある奴だけだ。俺には学もないし、人脈もないし、そもそも才能がない」と思っていたら、絶対に成功などしませんよね。

意識より潜在意識のほうが比較にならないほど力を持っているのですから……。

でも、学がある人は有利というだけで、学がなければ成功しないということはないはずです。才能も同じ、才能がある人は有利というだけで、必ずしも才能が無ければ成功しないというわけではありません。

問題なのは、あなたが無意識のレベルで「自分には無理だ」と思い込んでいることです。

成功を決めるのは学でも才能でもありません。潜在意識です。

学や才能はその人を有利にするアイテムのひとつです。

「不利」と「無理」は違います。

あなたが成功するかどうかは潜在意識を使いこなせるかどうか、ただそれだけです。

病気まで作り出してしまう暗示の力

潜在意識をコントロールする代表的なものといえば、やはり暗示ではないでしょうか。

暗示といえば、こんな実験があります。

ある男性（被験者）が会社に出勤してくると、まず一人目の同僚が「おい、お前、顔色悪いぞ……」と声を掛けます。

被験者は「別にいつもと同じだけどな……」と首を傾げる。

そのあと二人目の同僚が「どうしたの？　体調が悪そうだけど……」と声を掛けます。

被験者は「そうかな？　どこも悪くないけどな……」と言いながらも少し不安になる。

そして三人目の同僚が「お前、すごく体調悪そうだな……顔色悪いぞ！」と声を掛けると、被験者は本当に体調が悪くなって、会社を早退してしまったのです。

繰り返し暗示されたメッセージは、信憑性を帯びて病気を作り出してしまったというわけです。

このように、本人が望んでいてもいなくても、潜在意識に入ってしまったメッセージは、率直に実現されてしまいます。

それが社会的に正しくても正しくなくても関係ありません。

意識が判断、推理、思考を司っているのに対し、潜在意識は社会的判断を下さずに素直な反応をしてしまいます。

日常生活の中には、テレビのCMをはじめ、他人のアイコンタクトやしぐさ、そして権威のある人からの言葉など、潜在意識に影響を与えているメッセージはたくさんあります。

その中であなたにもっとも影響を与えているメッセージは、あなた自身が発する「言葉」です。

今、鏡に向かって「頭が痛い、頭が痛い」と100回繰り返して言ってみてください。本当に頭が痛くなります。

自分の声は潜在意識に入りやすいのです。

なぜなら、他人と話している時は、たとえそれが親でも兄弟でも、仲の良い友達だったとしても、不意に自分を傷つけるメッセージを発する可能性があるので、心を守るため、潜在意識がガードをした状態で会話をしているのです。

しかし、**自分の声にはガードを立てない**ので、吐き出した声が暗示として入りやすいというわけです。

これを『再認識効果』と言います。

私の知り合いに、「俺は別にお金が欲しくて言ってるんじゃないんだよ……」というのが口癖になっている男性がいますが、彼は見事に貧乏です。

自分が発する言葉には注意をはらい、マイナスになる発言は控えるようにしてください。

潜在意識に入るのは裏のメッセージ

どんなメッセージにも必ず二つの意味が含まれています。

ひとつは表の意味、そしてもうひとつは裏の意味です。

たとえば、会社の中で、上司が部下に向かって「おい、暑くないか?」と言うと、部下はすぐにクーラーのスイッチを入れに行く。こんな光景よく見かけますよね。

表に出ているメッセージは「暑くないか?」といった質問でしたが、裏のメッセージは「暑いから誰かクーラーのスイッチ入れろよ」といった命令です。

表のメッセージは意識が受け取りますが、潜在意識は裏のメッセージを受け取ります。

つまり、**潜在意識にアクセスを試みる者にとって、肝心なのは裏のメッセージ**だということです。

たとえば、「日々健康になっている」と繰り返し言葉に出して自己暗示したとしても、心の中で「こんなことをしても無駄だ」と思っていたら、文字通り無駄になってしまうというわけです。

潜在意識は曖昧な部分しか騙せない

潜在意識の勉強をしている人と話していると、ときどき、「潜在意識を騙して成功する」などと言って、本当は月収が17万円しかないのに、「私は月収１００万です」などと平気で他人に自慢する人がいます。

まるで月収が１００万円あるかのように人に話していると、自分の月収が１００万円だと思うようになり、潜在意識はそれを現実にすると言うのです。

しかし、こんなふうに自分を騙してみても良い暗示にはなりません。

自己暗示はそれを思い込めるかどうかです。

不安なときでも「俺は大丈夫だ」と繰り返しているうちに不安が軽減していくという話はよくあります。不安自体、心が作り出しているものであり、曖昧な部分だからそんな気になれるのです。

しかし、月収17万円というのは目をそむけても変わりようのない事実です。「私は月収１００万です」というのは自分も把握している完全なる嘘です。何を騙すのですか？　**潜在意識をバカにしてはいけません。**

ちなみに、恋愛心理学に「つり橋の心理」というのがあり、ゆらゆら揺れる不安定なつり橋の向こうに異性を待たせておいて、そのつり橋を渡ると、向こう側で待っている異性を好きになってしまうというものです。これは不安定なつり橋を渡っている恐怖から、心臓がドキドキしてしまい、潜在意識はこのドキドキを橋の向こうにいる異性を見ているからだと勘違いしてしまうというものです。

でも、これも心の曖昧な部分だから勘違いさせることができるのであって、橋の向こうで待っている異性に対し、「好みじゃない」とはっきり認識していたら、どんなに不安定な橋を渡ろうと、その人を好きになることはないのです。

月収17万円が事実である以上、「私の月収は１００万です」と他人に言うたびに、潜在意識には**みじめな自分が暗示されていく**だけです。

「自分はみじめな人間だ」と暗示している以上、成功者になることはありません。

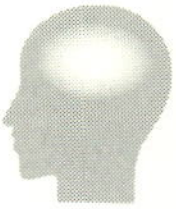

潜在意識には「今」しかない

催眠療法では良く知られている「年齢退行」という技法があります。

催眠状態になったクライアントの年齢を逆行させることで、心の奥底にしまい込まれた傷を探し出す催眠特有の精神分析です。

クライアントは、年齢が逆戻りするに連れて、過去の記憶が蘇ってくるのですが、たとえば、クライアントが10歳のときに辛い恐怖体験をしていたとします。すると年齢が10歳までくると、恐怖におびえ、取り乱すことがあるのです。

この現象を『除反応』と言います。

でも、なぜクライアントは過去の事なのに恐怖に怯えるのでしょうか？

これは潜在意識が過去の事だとわかっていないからなんです。

潜在意識には過去も未来もありません。潜在意識にあるのは「今」だけです。潜在意識は過去のことも未来のことも、今この瞬間だと捉えてしまうのです。

ということは、もし、あなたが願望に対し、自己暗示を用いるとしたら、神様にお祈りするような要領で「私を痩せさせてください……」などと暗示するのは間違った暗示の仕方ということになります。

潜在意識には、「今」しかないのだから、痩せることを願っている自分を暗示しているのと同じことになりますよね。

つまり、痩せることを願っているあなたのままでいるための暗示にしかならないのです。

「〇〇になりますように……」というやり方は、ただその一時だけ自分の心を安心させるメッセージにしかなりません。

だから、自己暗示で潜在意識にアクセスする場合は、「順調に進んでいる」とか「私はできる」といった現在進行形、もしくは現在形で行います。

潜在意識は主語を理解しない

自分に暗示をかけるのがうまい人は、暗示のフレーズを上手に作り、端的な文章にして潜在意識意を活用しています。

たとえば、スポーツ選手なら「俺は目の前の難関をクリヤーして喜びを全身で表現する」とか、俳優業の人なら「私は素晴らしいお芝居ができる」とか「俺の芝居は最高にリアルだ」など……。

このような自己暗示を用いて、自分の仕事に役立てている人はたくさんいます。

暗示の作り方も決して間違いではないのですが、潜在意識は暗示文の中の「私なら」や「俺は」といった主語の部分は理解していません。

潜在意識にとって「誰が」という部分には意味がないのです。

だからもしあなたに憎むべき誰かがいたとして、たとえば「あいつ車で事故でも起こせばいいのに……」などと強く願うと、無意識に自分自身が事故を起こすような運転をしてしまいます。

あなたが肉体労働の職場で働いていて、気に入らない同僚に対して「あいつ怪我すればいいのに……」と常に願っていたら、いつかあなたが怪我をします。

潜在意識は「あいつ」といった主語の部分が理解できないので、「事故を起こす」「怪我をする」の部分だけが自己暗示になってしまうからです。

「人を呪わば穴二つ」とはよく言ったものです。

人を呪って殺そうとする者は、それが自分にも返ってきて、自分の墓をも掘っているのと同じだ、ということですね。

こういったことわざが長い歴史の中で生き続けているということは、それだけ理に適った根拠があるということです。

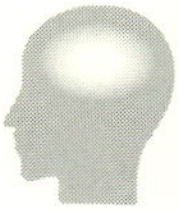

潜在意識は認識したことをなかったことにできない

また、自己暗示をするのなら、否定文は入れないようにしないといけません。

たとえば、「私は失敗しない」とか「俺が負けることはない」などと自己暗示をすると、**潜在意識は認識したものをなかったことにできないので、「失敗」とか「負ける」という事柄だけが暗示になってしまいます。**

今、「赤いネクタイを思い浮かべないでください」と言われたとして、赤いネクタイが浮かんできませんでしたか？

不意に浮かべたイメージは潜在意識に影響を与えてしまいます。浮かべたイメージを「それはないよ」と後で否定しても、潜在意識には通用しません。

だから、「私は失敗しない」とか「俺が負けることはない」などといった否定語を入れた暗示ではなく、**「私は成功する」とか「俺は勝つ」といった肯定文**で暗示を作成するように心掛けるのです。

言語暗示より強力なイメージのパワー

30センチぐらいのタコ糸の先に5円玉を結びつけて振り子を作ります。

その振り子の端を持って、5円玉が目の高さにくるように持ち上げます。

そして振り子が「左右に揺れる左右に揺れる……」と言葉に出して何度も繰り返してみてください。

ほとんどの人が勝手に動き出す振り子に驚くのではないでしょうか？

これは『観念運動』といって、振り子が動くという観念が身体の運動を引き起こし、自分の意志とは関係なく、振り子を持った腕が微妙に動いてしまうんですね。

自分の意志で動かしているのではないから驚いてしまう。

では次に、同じように振り子を目の前に持ってきて、今度は振り子が左右に揺れるところをイメージしてください。前後に揺れるところをイメージしてもいいです。

どうでしょう？

やはり、振り子は揺れてくると思うんです。

これは、**潜在意識に映し出されたイメージに対し、潜在意識は現実にしようとする働きを持っている**からなんです。

イメージといった力動元が観念運動を引き起こしているわけなんですが、イメージは自己暗示としてのパワフルな要素を含んでいるのです。

では、言語を用いた自己暗示と、イメージを用いた自己暗示では、どちらが潜在意識への影響力を持っているか、ここで明確にしておきましょう。

どこでもいいですから、どこかの壁を背中にして、その壁から背中を10センチほど離し、足のかかととつま先をそろえて直立してください。

そのまま「体が前に倒れる……体が前に倒れる……」と言葉を繰り返しながら、前から大型トラックが突っ込んで来るところをイメージしてみてください。

どうでしょう？　あなたの身体は後ろに倒れたのではないでしょうか？

ごくまれに、イメージ力が弱く、言語の暗示のほうに反応してしまう人もいますが、往々にして、**文章の暗示より、イメージのほうが、潜在意識に飛び込みやすくなっています。**

言語暗示は、その文章に対し、一度、理解という枠を通らないといけませんが、イメー

ジ（絵）は理解を通さず、ダイレクトに潜在意識に反映するので、即効性があり、なおかつパワフルなのです。

したがって、**成功や自己実現などを暗示するときは、言語暗示より、それを成し遂げている自分のイメージを浮かべるほうが効果的**だということですね。

たとえば、会社の社長を夢見ているのなら、自分が社長になっているところをアリアリとイメージし、そのイメージが潜在意識に影響を与えれば、潜在意識は自分が持てる力をフルに発揮して、あなたを社長へと導きます。

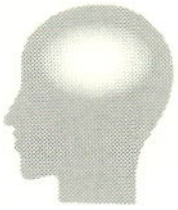

潜在意識は空想と現実の区別がつかない

今、あなたの目の前に黄色いレモンと果物ナイフがあります。想像してください……。

あなたは果物ナイフを手に取り、レモンを半分に切ります。

真ん中あたりにナイフを差し込むと、レモンから果汁がブチュっと噴き出します。

半分に切ったレモンからポタポタと果汁が落ちています。

あなたはその半分のレモンを口に運び、しずくがポタポタと落ちているレモンをガブッとかじります。

どうでしょう？　口の中に唾液が出てきませんでしたか？

レモンを食べれば当然、唾液が出てきます。でも、あなたが食べたのは実際のレモンではなく、空想のレモンです。それでも唾液は出てきました。

これは、**潜在意識が空想と現実の区別がつかない**ことを意味しています。

このときのイメージは、リアルならリアルなほど潜在意識に影響を与えます。

感情が伴うイメージは驚異的なパワーを持つ

先ほど、年齢退行という精神分析と除反応について少し触れましたが、トラウマを持ったクライアントは、過去に受けた心の傷を再認識することで、トラウマを乗り越える準備ができます。そのために辛い過去を思い出してもらうのですが、一般の方は、トラウマというと、単に嫌な思い出だと思っているようですね。でも、我々は本人が覚えているような心の傷はトラウマとは捉えません。

たとえば、20歳の女性が、時折、何の前触れもなく、胸の奥から突き上げてくるような不安や、呼吸が止まってしまうような恐怖に襲われて苦しんでいたとします。どこの病院へ行っても原因が分からない。

そんな女性に年齢退行を行うと、5歳の頃、見知らぬ男性に性的いたずらをされていたことが発覚したりします。

当時の少女の心では耐えられず、心が壊れてしまうと判断した潜在意識が、その出来事を記憶の奥底にしまい込んでしまうために起こる現象です。

これは**心を守るための潜在的な人間の能力**です。

しかし、この辛い出来事は、それをもう耐えられるであろう時期が来ると、潜在意識は形を変えて返してきます。

違う言い方をすると、心を守るためにしまい込んだその出来事は、大人になるまで潜在意識が預っているだけなのです。

しかし、心が成長して、大人の心になってくると、潜在意識は「もう大丈夫だろう」とばかりに、預っていた出来事（トラウマ）を返してきます。

ただし、すべての出来事が一度に返ってくるのではなく、そのときの感情だけが先に返ってくることがほとんどです。だからクライアントは訳の解らない不安に苦しむというわけです。

この場合、年齢退行を使って記憶をさかのぼると、そのときの出来事を徐々に思い出すことができます。

でも、長年、潜在意識が守り続けてきたトラウマです。いきなり当時の出来事に遭遇すると、やはり心が相当のダメージを受けてしまいます。だから本物のトラウマを持った人の場合、トラウマに近づくと除反応が現れるのです。

除反応が一気に出てしまうと、クライアントはかなりのダメージを受けてしまいます。下手な催眠療法士が年齢退行をやると二、三日寝込んでしまうクライアントもいるぐらいです。

しかし、除反応を全く出さないとなると、なかなかトラウマを乗り越えることもできません。

だから、除反応を少しずつ出すのがコツなのですが、このサジ加減は本当に難しく、私はことあるごとに「年齢退行は専門家に教わってから行うように」と再三注意しています。

それぐらい、催眠状態でのイメージ体験は影響力を持っているのです。

このように、催眠分析を行う際は、除反応の出し方をうまく調整するのが理想なのですが、除反応を軽減させる方法のひとつに、ディソシエーションというテクニックがあります。わかりやすく言うと、**感情の連結を切り離してしまう**のです。

たとえば、あなたが谷底に落ちていく夢を観ているとします。

この体験で、あなた自身が落ちていく感覚を体験している場合は、感情と連結されているので恐怖をまともに受けてしまいます。この状態を**アソシエーション**と言います。

しかし、あなたが第三者の立場になって、落ちていく自分をどこか別の場所から観ていたとします。夢だから当然こういうこともありますよね？

この場合を**ディソシエーション**と言い、感情と連結されていないので、恐怖は軽減されるのです。

催眠分析の場面で説明すると、「私があなたの年齢を逆に数えると、あなたの記憶はそれに連れて過去へ帰って行きます」と暗示するのがアソシエーションです。

そうではなく、「今あなたは映画館にいます……私が3つ数えたら、現在のあなたがスクリーンに映し出されます……そして私があなたの年齢を逆に数えると、スクリーンに映し出されたあなたは過去へ帰っていきます……」と暗示して、年齢を退行させるのがディソシエーションです。ディソシエートすることによって、自分以外の人が体験しているような客観性が生まれ、恐怖といった感情などは軽減されるというわけです。

さて、先ほど自己実現の暗示をする場合、リアルなイメージが効果的だと言いました。そうなると、イメージの仕方もおのずとわかってきますよね。

自己実現を目標とした場合のイメージは、ディソシエートされたイメージではなく、感情が伴い、かつリアル感のあるアソシエートされたイメージを潜在意識に焼き付けたほうが効果的なのです。

たとえば、飲食店のオーナーになりたいのなら、飲食店のオーナーになって、店内の様子を自分の目で観て、音や匂いまでリアルに感じるようにイメージします。

自分の目で観ているのですから、当然その光景の中に自分の姿は観えません。

このように、自分を客観的に観るのではなく、いかにも体験しているようにイメージするのがコツです。

多くの人が勘違いしているイメージの役目

ここまでの説明で、自己暗示、さらにはイメージが潜在意識に絶大な影響を与え、自己実現を目指しているあなたの強い味方になることがお解りいただけたと思います。

言語の暗示にしろ、イメージにしろ、潜在意識に入った暗示は、それを現実にしようとする働きがあります。

しかし、**自己暗示にもイメージにも限界がある**のです。

成功を追い求める多くの人が勘違いしていることですが、「自分の願ったことが潜在意識に入りさえすれば、あとは勝手に潜在意識が叶えてくれる」などと思っています。ひどいときには、「潜在意識に暗示が届けば、未知の力が舞い降りて、奇跡が起こる」、そんなふうに思っている人もいます。

「振り子を持って左右に揺れるイメージを浮かべると振り子は実際に揺れる。これは潜在意識に浮かんだイメージは、それを実現させる働きがあるからだ。それなら年収1億円のイメージを潜在意識に焼き付ければ年収1億円の自分になれる……」

こんな楽観的な考え方をするから成功できないのです。

いくら自己暗示をしても、いくら成功イメージを浮かべても、それだけで願いは叶いません。

「頭が痛い、頭が痛い」と100回繰り返すと本当に頭が痛くなります。でも、「私は年収1億になる、私は年収1億になる」と100回繰り返しても、年収1億円にはなりません。なぜなら、**頭が痛くなる能力はあっても、年収1億円になる能力はまだあなたの中に**

無いからです。

暗示もイメージも、その人の中にあるものを引き出すことしかできないのです。

成功哲学を勉強している人のほとんどが、毎日、自己暗示を繰り返したり、成功イメージを浮かべることに熱心で、能力をつけることはほとんどしていません。

いくら自己暗示しても、いくら成功イメージを浮かべても、**引き出すものがなければ現実にはならない**のです。

願望を達成するには、必要なリソース（素材＝能力）を育てる必要があります。

そして、このリソースの育て方こそが本書の真骨頂であり、願いを叶えるための本当のノウハウなのです。

これについては次章の催眠療法の概念に基づいた成功法則『ＮＩＣ理論』を用いて、誰もが願望を達成できるように説明していきたいと思います。

ここからがあなたの本当の始まり

今まで成功哲学を勉強してきて「毎日自己暗示していれば成功できる」「毎日成功イメージを浮かべていれば、いつか奇跡が起こる」、そう信じてきた人は、自己暗示も成功イメージも、能力を引き出すことしかできないという現実に少々挫折を味わったかもしれません。

でも、あなたはこの挫折を味わって初めてスタートラインに立てるのです。

この挫折はあなたにとって必要不可欠なものです。この経験をしなければ、あなたはいつまでたっても絵に描いた餅を追い求めるだけで、その願望は一生達成されることはないのです。

よく経営不振の会社経営者の方たちは、その苦境から一日も早く抜け出したくて、現実離れした成功法を追い求めるようになります。

この人たちの考えを正し、必要な行動を起こしてもらうまでには一苦労があります。なぜなら、彼らには「認知的不協和」という心理が働き、私の言うことをなかなか受け入れられないからです。

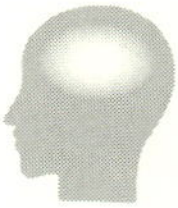

間違ったノウハウは捨ててしまわないと成功できない

ところで、最近ホストクラブに通う若い女性が増えているという話をよく聞きます。中には、借金をしたり、自分が風俗で働いてまでホストに貢ぐ女性もいるようです。周りから見れば、彼女たちの行動は理解できません。

でも、心理学的に考えれば何も理解不能なことではないのです。

通常、男女の関係では、相手に尽くせば、それに見合ったものが相手から返ってきます。もし、相手に尽くしても何も返ってこなかった場合、次の二つのうちのいずれかが起こります。

ひとつは、尽くしても見返りが無いのでバカらしくなって縁を切ります。そしてもうひとつは、尽くしても返ってこないという現実を、自分の中で調整するために「認知的不協和」を起こします。

尽くしても返ってこないという矛盾、つまり不協和状態を、協和状態にするために、潜在意識は「私が彼にこんなに尽くすのは、それだけ彼のことが好きだからなんだ」と思い込むようになります。

現状を変えられないから、心の中で帳尻を合わすんですね。

そして、この「私が彼にこんなに尽くすのは、それだけ彼のことが好きだからなんだ」という無意識の帳尻合わせは強い暗示となり、自分ではコントロールできなくなってしまいます。

この認知的不協和が起こると、周りが「いくら尽くしても実らないよ、向こうは仕事なんだから……借金してまで貢ぐなんて、バカなことはもうやめな……」といくらさとしても、周りが止めれば止めるほど「私はそれだけ彼のことが好きなの！」と、かえって深みにはまっていきます。

これと同じ心理が、成功ノウハウを買いあさる人たちにも働いているのです。

成功ノウハウを教えてくれるセミナーに20万円で参加する。そこでは「成功イメージをリアルに浮かべれば努力しないでどんな願いも実現する」と教えられる。だけど、どんなに頑張ってイメージを浮かべても全く変化がない。

しかし、「イメージを浮かべただけでは成功できない……この方法では成功できないんだ」と認めてしまうと、20万円を捨てたうえに、自分は愚かだったと認めなくてはいけなくなる。このやりきれない矛盾を認めるわけにはいかないので、「もっとイメージがリアルになれば必ず変化が起こる……現実にならないのはイメージが鮮明じゃないからだ」と認知的不協和を起こしてしまうのです。

とくに高学歴の人や知能の高い人は陥りやすく抜け出しにくいもので、ここが認知的不協和の恐ろしいところなんです。

私の知り合いにも、抜け出すこともできず、途中でやめることもできず、4年間も成功ノウハウを買い集めたり、セミナーなどに通い詰めている人がいました。

でも、3年も4年も自己暗示や成功イメージを繰り返しても願望が達成できないのは、イメージが不鮮明とか自己暗示の仕方が悪いといった話ではないでしょう。

やはり、**あなたの中に、イメージしたことを現実にするだけの能力がまだない**のです。

辛いとは思いますが、この事実を認めて、今まで成功ノウハウに使ってきたお金と時間を捨てる覚悟をしてください。あなたの願望達成はその瞬間から始まります。

抜け出せない「ハンター・ザ・ハンティング」の罠とは

目標を達成するために、イメージはあなたの強い味方になると思います。

でも、今のあなたの成功を妨げているのもイメージです。

ところで、ビジネスの世界にはいろんな手法があるんですよね。

「お金儲けにはマニュアルがあります……このマニュアルがあれば1億や2億はすぐに稼げますよ……このセミナーに40万円で参加できるんですが、どんなビジネスも投資から始まりますからね……40万円は安いですよ……」

こんなフレーズでマニュアルを売る。話を聞いていると、理論上はいかにも儲かりそうなシステムになっているのだが、現実はそうはいかず、簡単に儲かることはない。

でも、このマニュアルを買った人が稼ごうが稼ぐまいが、マニュアルを売っている業者にとっては関係ないこと。だって、ターゲットはお客さんじゃなくて、マニュアルを買いに来たあなたなんだから……。

これが**「狩人」を「狩る」という意味の『ハンター・ザ・ハンティング』というマルチビジネスの一種**です。

ただ、通常のハンター・ザ・ハンティングは、「儲からない」と気づいた時点で目を覚ますのですが、ハンター・ザ・ハンティングの中に、**スモーク・エリア**を作ると、少々では目を覚まさなくなります。

スモーク・エリアというのは、結果や進行状況が目に見えない部分のことで、悪徳宗教などがよく使う手口です。

たとえば、信者たちに、「悟りが開けないのは心に邪念があり、悪の心を捨てきれないからだ……」と教えます。

しかし、実際には、心には二面性というのがあり、良心が存在するなら必ず悪心も存在します。右があるから左があるのと同じで、**心には必ず相反する両面がある**のです。

つまり、誰の心にも悪の心というのは存在し、無くすことはできません。しかし、自分の心に悪の心があるから悟りが開けないのだと教え込まれている信者は、毎日、熱心に瞑想を行います。そのうえ、心は目に見えず、状況を測定器で測ることもできません。つまり、**立証不可能**というわけです。

立証できないので、信者は目的を諦めるか、この宗教の教えが間違っていることに気づくまで延々と教祖様の教えに従うことになります。

このように、**ハンター・ザ・ハンティングに立証不可能な部分、つまりスモーク・エリアを導入されると、抜け出すのがかなり困難**になります。

成功法を売りにしているところでも、受講者たちが「全然、結果がでないのですが、どうしてでしょう?」と言うと、「君はまだイメージが鮮明じゃないんだよ」とか「信じる気持ちが奇跡を生むのだから、君はまだこの成功法に疑いを持っているんじゃないか?」などと言われ、スモーク・エリアを強化されてしまいます。

成功願望を抱き、たくさんの時間とお金を使ってきた人も、一度、自分を客観的に捉えて冷静に考えてみてください。

潜在意識はリソースが揃うまで待たない

成功を夢見て私の所にコーチングやメンタル・リーディングを受けに来る生徒たちは、ほとんどの人が事前に何らかの勉強をしていて、中には書籍やＣＤ、ＤＶＤのようなグッズから、セミナーやワークショップに参加していろんな知識をつけています。

そして、そういった人たちの多くが、潜在意識に向かってすべての欲望を入れ込んでしまう傾向にあります。

たとえば、莫大な資産を手に入れて、仕事もせずに毎日バカンスを楽しむようなイメージを潜在意識に浮かべて未来の自分を植え付けようとするのです。

それを現実にするリソースがすでにあなたの中にあるのなら、なりたい自分を自己暗示したり、最終的にどうなりたいかを具体的にイメージしたりすることで潜在意識は驚異的な力を発揮してくれるでしょう。

しかし、**リソースが揃うまでは、自己暗示や成功イメージの中に怠慢的要素を入れてはいけません。**イメージの中に怠慢的な要素を入れると、あなたが苦しむことになります。

たとえば、現在あなたは月収20万円で、貯金も３００万円ぐらいしかない製造会社に勤める平社員だったとします。

あなたは10億円の資産を手に入れて、南国の島でバカンスを楽しむ毎日を送り、仕事とは縁のない暮らしをしているイメージを毎日練習したとします。

するとあなたは製造会社の肉体労働がきつくなってきます。

潜在意識はイメージしたことを現実にしようと頑張ります。しかし、潜在意識は浮かべたイメージを実現するために必要なリソースが揃うまで待ってくれません。

現在あなたが持っているリソースだけが動き出すのです。

つまり、「資産10億で仕事をせずに南国の島のバカンスを楽しむ」というイメージ（暗示）の中で、現在、あなたが持っているのは「仕事をせずに」という部分だけです。

したがって、このイメージは「仕事をしなくなるための暗示」にしかならないのです。

それでも、仕事をしなければ収入がなくなり、食べていくのに困ることを生命レベルの潜在意識は知っているので、ここで潜在意識同士の葛藤が起こります。

「仕事しないと食べられなくなって命が危険になる」という潜在意識と「仕事をしない」という潜在意識が心の中で戦い、結局は重い体を引きずって、嫌で嫌でたまらない仕事に出かけていくようになるのです。

成功願望を抱えた多くの人が、不労所得で生活しているイメージを浮かべるみたいですが、こういった危険性があることを把握しておく必要があるでしょう。

成功イメージを浮かべるときは怠慢的な要素は絶対に入れないようにしてください。

偉大な成功者たちはなぜ成功できたのか

ビジネス書や成功哲学によく引き合いとして出される成功者たちがいます。

ハリー・ポッターの作者J・K・ローリング、マイクロソフトの創業者ビル・ゲイツ、日本ではミュージシャンの矢沢永吉さん。

あるビジネス書では、離婚の末に生活苦と貧困でうつ病になり、自殺も考えたことがあるJ・K・ローリングが億万長者になったのは、成功している自分をイメージしたからだと言う。でも、J・K・ローリングが億万長者になったのは、成功イメージを浮かべたからではありません。**J・K・ローリングにはファンタジーな想像力と、それをリアルに表現する文章力があった**のです。

百歩譲って、J・K・ローリングが成功イメージを浮かべていたとしたら、それによって奇跡が起こったのではなく、**J・K・ローリングの中にあった能力をイメージが引き出**

したのです。

また、言霊や言語の再認識効果でよく例に出されるのが矢沢永吉さんです。どんな試練にあっても、挫折しかけても、「俺はビッグになる」と言い続けたから矢沢永吉さんはビッグに成れたのだと言います。でも、**矢沢永吉さんにはミュージシャンとしての類まれなる才能があった**のです。**自分が普段口にする言語には、それを引き出す効果があり、「俺はビッグになる」と言い続けた矢沢永吉さんは、それを引き出すことができた**のです。

ビル・ゲイツも同じです。イメージしたから未知の力が舞い降りたのではありません。**コンピュータに関する優れた知識と技術を持っていた**のです。

能力がなければ、イメージしても自己暗示しても何の変化も起こりません。

今のあなたに必要なのは、奇跡を起こすための机上の空論ではありません。**成功に向けて必要な能力を育てるノウハウ**です。

次章では、確実かつ速やかに能力を育てるＮＩＣ理論について説明していきましょう。

NEURO IMPROVE
CONTROL

第2章

成功を引き寄せるＮＩＣの法則

願望達成に重要なパターン・ニューロンとは

人は自分が持っている器の分しか幸せを手に入れることができません。

いや、幸せだけじゃありません。**お金も仕事も人間関係も、自分が持っている器の分しか手に入らない**のです。

しかし、**自分が持っている器の分は、たとえ嫌がったとしても入ってきてしまいます。**

もし、あなたが社長の器を持っていれば、どんなにお金がなくても社長にはなれます。人の上に立つ器を持っていれば、表社会にいても裏社会にいても人の上に立てるのです。

逆に、不幸の器を持っていたら、いくら不幸になりたくないと思っていても、不幸から逃げることはできません。

よく、「お前は社長の器じゃない」とか「お前は人の上に立つ器が無い」などという言葉を聞きますが、ＮＩＣ理論では大物や技量の表現としてではなく、日常生活のあらゆるものを引き寄せる磁場も器であると考えています。

また、器の話をすると、「なんとなく言っていることはわかる」とか「周りを見ていると確かにそんな気がする」といった、漠然とした、いわば目に見えない感覚的なところで理解していると思うんです。

しかし、脳の中にあるニューロン（神経細胞）の見地から見れば、根拠のあるまったく現実的な話なのです。

人の行動のほとんどは無意識からなる習慣であり、この無意識の習慣を司っているのが脳の中にある『パターン・ニューロン』です。

人間の脳は習慣を作り出すのが得意です。

ただし、我々が問題にしているのは、朝の歯磨きやお風呂の入り方のような習慣のことではありません。

本人のまったく気づかない部分、つまり**無意識に確立されたパターン・ニューロンによって引き起こされる「習慣」**のことです。

幸せも、お金も仕事も、自分の意志とは関係なく、すべてこのパターン・ニューロンによって引き寄せられてしまうのです。

パターン・ニューロンと引き寄せの関係

いつも悩んでばかりいる人は、脳の中に悩みのパターン・ニューロンが確立されていて、悩む対象がなくなると、自ら悩み事を探すといった理不尽な行為をしてしまいます。もちろん無意識の仕業なので、本人に気づく余地はありません。

脳の中に悩みの器ができてしまうと、その器を満たすために無意識は全力で活動してしまうのです。

本人の心は「もう悩みたくない」と叫んでいるでしょう。でも、悩みのパターン・ニューロンが確立してしまうと、本人の意思とは関係なく、悩み事を引き寄せてしまいます。

いつも愚痴ばかり言っている人も同じです。**愚痴を言うパターン・ニューロンが確立してしまうと、無意識に愚痴のネタを探す**ようになります。

たとえば、あなたの職場でＡというとても嫌な同僚が居たとします。あなたはＡが居ないときに、別の仲の良い同僚ＢとＡの陰口を言うようになります。

そしてある日、Ａが左遷《させん》にあい、その部署から居なくなったとします。

普通なら、愚痴の対象だったＡが居なくなったのだから、もう愚痴を言う必要はありません。

しかし、Ａの陰口が日課になっていたあなたは、脳の中でいつの間にかパターン・ニューロンが確立してしまい、陰口の器が完全に形成されてしまっています。

すると、あなたは**陰口を言うための新たな対象を無意識に探す**ようになります。あなたの中にできてしまった陰口という器を満たすために、潜在意識は他の同僚や上司、もしくは後輩など、新たなターゲットを見つけ、また陰口を言う生活を始めるのです。

新たに陰口を言われ始めたターゲットは何も変わっていません。

変わったのはあなたの中にあるパターン・ニューロンが標的にしていた対象です。

もしかしたら「あいつ最近、性格悪いよな～」とか「あいつの話し方、最近トゲがあるんだよな～」と、あなたはこんなセリフを口にするかも知れません。

でも、こういった理由はこじつけで、**パターン・ニューロンの影響を受けていることをあなたが気づいていないだけ**なのです。

これが**パターン・ニューロン（器）による無意識の恐るべき引き寄せの力**です。

自己満足とパターン・ニューロン

人は自己を満足させるための行為しかできないようになっています。

ボランティアといえば、他人のために何かをしているように思いますが、もしかしたら、自分自身の成長が目的なのかも知れませんし、他人に奉仕している時が、心が一番安定することを感覚的に感じとっているのかも知れません。

では、ちょっと想像してください。

友人と二人で登山に出かけたとします。予定より下山《げざん》が遅れて、食べ物が底をつきました。二人でリュックの中をあさると、あなたのリュックからチョコレートが一枚出てきました。あなたは「これ食べていいよ」と友人に差し出します。

こんなときでも、あなたは自分が食べてしまったあとの罪悪感を味わうよりは、お腹が空いているけど友人に差し出し「やっぱりお前はいい奴だな」と思われるほうを選択しているのです。

あなたの潜在意識にとってはこれがもっとも自己を満足させる選択なのです。

街を歩いていて、柄の悪そうな連中に絡まれたとします。

「売られた喧嘩は買う」とばかりに立ち向かう人もいれば、「やっても勝てそうにない」と思い、大人しく引き下がる人もいるでしょう。もしかしたら自分は何も悪いことをしていないのに一生懸命に謝る人だっているかも知れません。

たとえ後で悔しい思いをするとしても、**選択のときにはその状況の中でもっとも自分を守るベターな行為を選ぶようになっている**のです。

では、人間の深層心理の奥底では、常に自分のことが一番なのかというと、これは幸せになるために与えられた能力ですから、もちろん悪いことではありませんし、避けることもできません。

ただ、自分のために何かをするのは決して悪いことではないのですが、自己満足のためにやっている行為が、もし自分自身を不幸にしているとしたらどうでしょう。

幸せになるためには、このネックポイントを突き止め、改善する必要があるのではないでしょうか？

自己を満足させるための行為なのに、その行為が不幸を呼び寄せるもっとも代表的なものは「同情を売るための愚痴」です。

我々潜在意識の研究家からすると、これほど恐いものはありません。

ところで、私は肩こりが酷く、週2回ペースでマッサージに通っているのですが、ある日、マッサージ店へ行くと、40代の女性が新しく入社していました。

その後、私は彼女のマッサージをよく受けるようになるのですが、とにかく彼女は愚痴が多いのです。

自分の生い立ちの悲惨さから始まり、現在の不幸話まで「私の人生、幸せなことなど何一つない」といった話しぶりです。

この店の定員はもちろん、店に来る常連さんまでが、彼女の悲惨な人生を知っています。

ということは、誰に対しても同じ不幸話をしているということです。

聞いている人は「そんな悲惨なことってあるんだ」「本当に悲劇の連続だね」「凄い人生だね」と同情しています。

そして、**この「同情」こそが彼女の求めている反応（報酬）**です。

つまり、**彼女の愚痴は、同情を買ってもらうための自己満足の行為**なのです。

もちろん、彼女が言っていることはすべて本当のことだと思います。

しかし、その全てが不運によって引き起こされていることなのか、それとも「同情を売るための愚痴」が不運を引き寄せているのか、本人に気づく余地はありません。

その後しばらくして店へ行くと、彼女が首に白いコルセットを巻いて、不器用に仕事をしています。

何があったのか尋ねてみると、「軽自動車とはいえ、初めて買った新車なのに、一週間で廃車ですよ…」と言う。

どうやら後ろから追突されたらしいのですが、加害者のほうは友人の車を無免許で運転していたうえに、自己破産の申請中で、賠償金の請求ができないらしいのです。

お店の中では「あなたは本当にいいこと無いね～」「可愛そう～」「ついてないよね～」という声があちこちから聞こえてくる。

数日後、店へ行くと、彼女の首のコルセットは取れていましたが、今度はご主人が暴力を振るうようになって、どこか相談できる所を探していると言います。

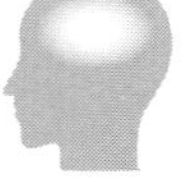

嫌な仕事が続くのは回避能力が未熟だから

また、ある会社に勤める男性も同情を求める愚痴が多く、上司から嫌な仕事を頼まれると、ぶつぶつ文句を言いながらでもその仕事をやってしまうタイプの人です。

仮にこの人をC君にしておきましょう。

さて、最近はクレーマーといって、過剰にクレームをつけてくるお客さんが増えているそうです。

そして、この会社では、クレーマーに対して主任クラスの人間が対処することになっているのですが、あろうことかこの課の主任はクレーマーの対処が大の苦手で、係長から「クレーマーの対処をして来るように」と指示されても、「すみません、あの客は苦手なので、私の部下に訪問させてもいいでしょうか?」と申し出るような人です。

係長は「対処してくれればいいんだから、人選はお前に任せるよ……」と言って判断を主任に委ねます。

そこで、まずA君にクレーマーの対処を指示すると、A君は「ぼくはあのお客、苦手なので勘弁してください……」と言って断わります。

次にB君に指示を出すと「クレーマーの対応は主任の仕事じゃないですか…主任が行ってくださいよ……」と言う。

そしてC君です。

「C君、悪いがクレーマーの所へ謝罪に行ってくれ……」

「マジですか〜、ぼくが行くんですか〜?」

こう言いながら、C君はカバンを手にクレーマーの所へ出かけて行きます。

クレーマーの所から帰って来たC君は、「いきなり『来るのが遅い！』って怒鳴られるわ、『もっとはっきり返事しろ!!』だの、散々でしたよ……」などと愚痴を言います。

通常なら主任が行くべき仕事なのに、結局C君が行ってしまいました。

当然、文句を言いながら出かけていったC君にも言い分はあるでしょう。

たとえば、「係長の命令に逆らうと評価が落ちるから……」など。

しかし、同じ立場にいるA君とB君に断わることができて、C君が断われないというのもおかしな話です。

これもＮＩＣ理論の見地からすると、A君とB君には、不幸を回避する能力が備わっていますが、C君は不幸を回避する能力がまだ未熟なのです。

その原因は、同情を売るのが好きだったり、愚痴を言うパターン・ニューロンが確立されていたりするわけです。

さらに言えば、主任も仕事に対する姿勢には大いに問題がありますが、不幸を回避する能力で考えれば、その能力は人一倍あると言わなければなりません。

C君は、不平等さを「周りの人に同情を買ってもらう」という行為で補っています。

C君のような生き方を続けていると、不幸を回避するパターン・ニューロンがどんどん細く弱くなっていくので、不幸から逃げられなくなり、やがて背負わなくていい不幸まで背負うようになります。

C君に必要なのは、まず同情を買ってもらおうとする気持ちを捨てることです。自分が思っているほど周りは同情していません。

同情を買ってもらおうとする気持ちを捨てることができたら、自然と現実の世界で不平等さを調節するようになります。

そのためには、自分がやるべきではない嫌な仕事が来たら、同情を売るためのパターン・ニューロンを少しずつ崩していくように、一度でも二度でも断わってみるといった経験をすることです。その嫌な仕事が自分の仕事だというのなら仕方ありませんが、自分が背負わなくてもいい不幸は、少々周りに陰口を言われてでも断わるといった勇気が必要です。

不幸を重ねていると、不幸のパターン・ニューロンがどんどん太くなっていくので、その向こう側にはもっと大きな不幸が待っています。

自分で回避できる不幸は、一つ残らず回避するぐらいの心構えでいないと、そのうち自分では回避できない不幸を引き寄せてしまうのです。

周りの人に「C君は文句を言いながらでも嫌な仕事をやってくれる」といった印象ができあがってからでは、A君やB君の真似をして同じように仕事を断わったとしても、C君だけが悪く言われるようになってしまいます。

結局、小さな不幸を自分から背負いに行くから大きな不幸からも逃げられなくなるのです。

確実な願望達成法「NIC理論」

あなたはパターン・ニューロン次第で幸せにもなれば不幸にもなる。貧乏にもなれば金持ちにだってなってしまいます。

我々はこういった人間のパターン・ニューロンに着目し、**不必要なパターン・ニューロ**

ンを退化させて、必要なパターン・ニューロンを育てていくといった独自のコーチングを行ってきました。

この自己実現の方法を『ニューロン・インプルーブ・コントロール』（ＮＩＣ理論）と言います。

『ニューロン』は人体の組織で神経細胞のことを言います。
『インプルーブ』は「さらに向上・育てる」という意味です。

人間は色々な物事を五感を通じて脳でとらえ、脳で処理し、脳からの司令で動かされていることはご存じですよね。

脳には１４０億個から１５０億個のニューロンが存在すると言われています。そして外からの情報は視覚、聴覚、触覚、嗅覚、味覚といった五感を通じて脳内に取り込まれています。

取り込まれた情報は、自分の経験、知識、遺伝などから構成された脳の中のパターン・

ニューロンにより、自分にとってもっともベターな行為が結果として現れるのです。

その情報の伝達を行なっているのがニューロンの先端から放出される脳内物質です。脳内物質はニューロンの先端にあるシナプスとシナプスの間で伝達を繰り返します。

脳が伝達物質を出さなくなると人間は立っていることすらできなくなります。

ボクサーが顔面にパンチを受けてダウンするときを思い出してください。

頭に強い衝撃を受けると脳はディフェンスの体勢に入り、脳内物質を一時的に出さなくなります。すると操り人形の糸が切れたようにボクサーは意識を失ってマットへ沈んでいきます。

人間の思考や行動において、ニューロンと脳内物質がいかに重要か理解できるでしょう。

心の隙間は精神を不安定にする

あなたの生活に関わる人間が6人いたとしたら、あなたの中には生活に関わる6人分のパターン・ニューロンが確立されています。もし、その中の誰かが突然いなくなったら、器の中に空間ができてしまい、あなたは情緒不安定になります。

この場合、心を安定させるには、空間ができた1人分の器を誰か他の人で埋めるか、あなたの中のパターン・ニューロンが変容して5人分になるのを待つしかありません。

たとえば、父親と一緒に生活していれば、当然、父親に対応するパターン・ニューロンが確立されているわけで、そこでもし父親が突然、亡くなったとしたら、器の中の父親の部分がぽっかり真空になってしまいます。

その人にとって、父親の存在が大きければ大きいほど、器にできる空間は大きく、心はとめどなく不安定になってしまいます。

すると、あなたの潜在意識は、親戚の叔父さんなり、学校の先生なりと、誰か父親の代わりになる人を無意識にあてがうようになります。

もし、周りに親代わりになる人が誰も居なかったら、父親に対応するためのパターン・ニューロンがジワジワと減退していくのを待つしかありません。その期間は空間が縮まっているとはいえ、父親の存在が大きかった分、空間も大きく、情緒不安定な状態が長くつづきます。

いずれにしても**潜在意識は空間を嫌い、空間を埋めようとする**のです。

だから**潜在意識は確立されたパターン・ニューロンを真空にしないために、そのすべてを無意識に引き寄せ**ようとします。

あなたの周りにはあなたのパターン・ニューロンを埋めるための人しか集まりません。それ以上の人があなたの生活に加わったら器を拡げるしかありません。器を拡げることができなければ、その人と付き合うことはできないのです。

お金も成功も幸福も同じなのです。

あなたの器の分だけしか手に入れることができない。器をはみ出したものは必ずあなたの前から姿を消していきます。

突然、幸せが訪れても幸福の器がそのままなら必ず訪れた幸せの分だけ他の幸せを失います。文字通り、ひとつ幸せが来たらひとつ幸せが逃げていくというわけです。

あなたが幸せになるためには、あなたの中で幸せになるためのパターン・ニューロンを確立させる必要があるのです。

心の病気が治った人が以前より良くなる理由

幸せも不幸もすべて「器」次第であり、我々のいう「器」というのは、脳の中にあるパターン・ニューロンが司っていることもお解かりいただけたことでしょう。

あとはどうやって幸せになるための器を大きくするか、そして不幸の器をどうしたら小さくできるのか？　という問題です。

ところで、心の病気になったクライアントたちは、よく「以前の普通の状態に戻りたい……」と言ってやって来ます。

でも、元には戻りません。心の病気が治ったクライアントは、必ず以前より良くなり、病気になる前より遥かに味わい深い人生を送っています。

これには根拠があり、もし心の病気になった人がマイナスの状態にいるとしたら、以前の状態に戻るということは、プラスマイナスゼロに戻るということになります。

しかし、マイナスの状態からプラスマイナスゼロの状態に戻ることができた人は、同時にプラスマイナスゼロの状態からプラスになる方法を身につけたことにもなるからです。**人が変化する方法というのは、マイナスからプラスマイナスゼロになる方法もプラスマイナスゼロからプラスになる方法も同じ**なのです。

では、ここからＮＩＣ理論を催眠療法のノウハウを交えて説明していきましょう。

潜在意識を成長させるメンタル・リハーサル

催眠療法で恐怖症を治す際にはどのような方法で治していくのか、ここではエレベーター恐怖症のクライアントを例に挙げて説明してみたいと思います。

ある女性クライアントは、とあるマンションでエレベーターの事故に遭遇し、それ以来エレベーターに乗れなくなってしまいました。

しかし、彼女が住んでいるのはマンションの7階です。

エレベーターの事故に遭ってからは毎日7階まで階段を上がり降りする生活を余儀なくされています。

仕事で疲れた日は、この7階までの階段がきつく、どうにかエレベーター恐怖症を克服したいと私の所へやって来ました。

こういったケースの場合、催眠療法では『メンタル・リハーサル』という手法を用います。

メンタル・リハーサルというのは、**催眠状態の中でイメージを浮かべてもらい、克服のためのトレーニングをする方法**なのですが、スポーツ選手などが行うイメージ・トレーニングとは一線を引くものです。

催眠状態で浮かべたイメージには臨場感があり、たとえば「あなたはリンゴを持っています」と暗示すれば、クライアントには本当にリンゴを持っている感触が出てきます。

普段の状態では現実世界をメインにしている感覚も、催眠状態ではイメージの世界に臨場感を移せるといった催眠特有の現象が起こります。

しかし、一方では、そのリンゴはイメージが作り上げていて、実際には存在しないことも認識しているのです。

大事な部分なのでもうひとつ例をあげましょう。

催眠状態の人に「あなたは北極にいる」と暗示すると、被験者は体をブルブル震わせて寒がります。催眠を解いたあとで「寒かったですか？」と聞くと、「はい、凄く寒かったです」と答えます。「では、あなたは北極にいましたか？」と聞くと、「いいえ、ここにいました」と答えるのです。

このように、**催眠状態では、五感が暗示によって変化することを客観的に感じ取ることができ、なおかつ催眠にかかっている自分を客観的に観ることできる**のです。

わかりやすく言うと、半分は現実で、半分は現実ではないような状態です。

そして、この半分現実で半分現実ではない状態が恐怖克服のために役立つのです。

心の治し方にはセオリーがある

恐怖症を治すには、その恐怖に突入して乗り越えるしか方法はありません。

たとえば、**電車恐怖症の人は、電車に乗らなければ克服できませんし、対人恐怖症の人は人前に出なければ克服できない**ということです。

恐怖の対象に対し、恐怖突入をしなければ乗り越えることができないのです。

しかし、電車恐怖症の人がジェットコースターに乗って恐怖突入しても電車恐怖症は克服できませんし、対人恐怖症の人がクマと戦っても何の意味もありません。

つまり、エレベーター恐怖症の人も、エレベーターに乗らずして克服はないということです。

とはいえ、極度のエレベーター恐怖症患者をいきなりエレベーターに乗せてしまうと、恐怖のあまり、嘔吐したり、貧血を起したりする可能性があります。恐怖突入をしたくてもできないわけです。

そこで、五感は現実として受け止め、意識は現実ではないことを把握している状態、つまり、催眠状態が役に立つのです。

催眠状態の中でイメージを浮かべ、エレベーターに乗る練習をします。現実での恐怖突入に際してリハーサルをするんですね。
エレベーター恐怖症の女性を催眠状態にしたら、次のようにリードしていきます。

「……深ーく、深ーく眠って……体中の力が抜けます……そして心の力も抜ける……さあ、私の言うことをよく聞いて……これから私と一緒にエレベーターに乗る練習をします……練習の中であなたが不安を感じたら、右手を挙げて私に教えてください……すぐに練習を中断しますからね……では一度、実際に右手を上げてみましょうか……?」

ここでクライアントの右手が上がる。

「はい、そのように手が上がると、私はすぐに練習を止めて、あなたの催眠をリラックスに導きます……大丈夫ですね……?」

クライアントはゆっくりうなずく。

「では、これから私が言うことをイメージしてください……想像してください……あなたは今、自宅マンションの入り口に立っています……イメージできましたか……？」

小さな声で「はい」と言う。

「玄関を入るとエレベーターが見えます……あなたは一歩ずつエレベーターに近づいていきます……さあ、エレベーターの前に着きました……」

ここでクライアントの手が挙がります。

「では、私が3つ数えたら深く眠りましょう……3・2・1・深ーく眠って……深ーく眠って……体中の力が抜けてリラックスします……さあ、私が今度3つ数えたら、あなたはスッキリと気持ちよく目を覚まします……3・2・1・はい、目を覚まして……ゆっくりと目を開けて……とってもいい気持ちです……」

ここでは、いきなり催眠を解かず、一度リラックスの暗示を与えてから催眠を解きます。そうすることによって、安心して次の催眠に入っていけます。

クライアントが目を覚ましたら、催眠中の感想を聞きます。

「どんな感じでしたか？」

「やっぱりエレベーターの前に立つと恐いですね〜」

「そうですか……でも焦る必要はありませんから少しずつやっていきましょう」

こんなやり取りをしながらクライアントに休憩を取らせ、再度、恐怖突入を試みます。

「気持ちは回復しましたか？……では、2回目の練習に入りますが、今度は先ほどより少し頑張って欲しいのです……」

「じゃ少し頑張ってみます……」

「……深ーく、深ーく眠って……体中の力が抜けます……そして心の力も抜ける……さあ、玄関からエレベーターに近づいて行きましょう……ゆっくり、ゆっくり……そしてエレベーターの前に着きました……大丈夫ですね……もう少し頑張ってみましょう……エレベーターが上から降りてきます……4階…3階…2階…1階……さあ、ドアが開きます……」

ここでまたクライアントの右手が挙がる。

「では、私が3つ数えたら深く眠りましょう……3・2・1・深ーく眠って……深ーく眠って……体中の力が抜けてリラックスします……そして、私が今度3つ数えたら、あなたはスッキリと気持ちよく目を覚まします……3・2・1・はい、目を覚まして……ゆっくりと目を開けて……とってもいい気持ちです……」

このように少しずつ少しずつ恐怖突入を繰り返します。いくら現実ではないといっても、臨場感の伴う催眠状態です。少しずつでなければクライアントの心がダメージを受けてしまいます。

この少しずつ恐怖突入をやっていく手法を**『系統的脱感作《けいとうてきだつかんさ》』**と言います。

心を変化させるもっとも重要な基本です。

このメンタル・リハーサルでは、クライアントの限界が来たら「あと少しだけ頑張れますか……？　もうちょっとだけ頑張って……」と、クライアントの心境と相談しながら少し頑張ってもらいます。

そしてこの**少しだけ頑張ってもらうところに自己実現や願望達成の秘訣がある**のです。

ジャンプではなく背伸びをする

心を変化させるコツは、小さな恐怖突入を系統的に行うことです。心は一気に変化させようと思うと失敗します。

ところで、催眠の手法に『**アンカーリング**』というのがあります。アンカーリングというのは、たとえばクライアントを催眠に誘導する際、必ず右の手を握って催眠状態に導くように、わざと同じ方法で催眠導入を繰り返すのです。すると、そのうち右手を握るだけでクライアントは催眠状態に入っていくようになります。

このように、催眠に導入する際、必ず右手を握るような繰り返しの行為を『**条件付け**』と言い、右手を握られただけで催眠に入って行くクライアントの反応を『**条件反射**』と言います。

パターン・ニューロンを形成する要領は、まさにこの条件反射の形成システムと同じ要領です。

繰り返しの経験によってパターン・ニューロンは速やかに形成されていきます。

先ほどのメンタル・リハーサルのところで説明したように、一気に無理をすると、人間なら誰しもが持っている**ホメオスタシス**（恒常性維持機能）という無意識の能力によって元の自分に引き戻されてしまいます。

だから少しだけ頑張るのです。

つまり、**現在の自分から少しだけ背伸びを繰り返すという部分にポイントがあり、あくまで背伸びであり、地から足を離さないのがコツ**なのです。

ちなみに、生まれながらの環境や子供の頃の体験によって、この少しだけ背伸びをすることで欲しいものを手に入れる性質が元々身についている人は、自分では無理をしているといった感覚がありません。こういった人は、目標をイメージするだけで達成してしまいます。

自分は努力している感じがないので、この性質を持っている成功者は「イメージすれば願望は達成できる」と豪語するようになります。

経験によって定着するパターン・ニューロン

先述のエレベーター恐怖症の女性は、**メンタル・リハーサルによって現実での恐怖突入が可能**になりました。

あとは**私と実際にエレベーターに乗り、現実での恐怖突入を繰り返すことで克服**していきます。

実際の催眠療法というのはこのように行うのであって、一般の方が思うような、催眠にかけて「あなたはエレベーターが恐くない」などと暗示をかけるようなパフォーマンスではないのです。

苦手克服に使う場合、催眠は現実での恐怖突入ができるまでの練習アイテムでしかありません。

また、催眠状態で行うメンタル・リハーサルは、リアル感があるとはいっても現実ではありませんから、イメージの中だけで恐怖突入をしても、現実での恐怖突入をしない限り、いずれ元の恐怖症に戻ってしまいます。

たとえば、ピーマンが嫌いなA君とB君、二人の被験者がいたとします。

二人を催眠状態にしたら、「ピーマンが美味しく食べられる」と、二人とも同じように暗示をかけます。

そして、A君には、暗示が効いている間に、実際にピーマンを美味しく食べてもらいます。でも、B君のほうは暗示だけにしておきます。

次の日になって、ピーマンが食べられるのはA君だけです。

A君は**暗示が効いている間に実際の行動を起こした**からです。

脳は起きている間は常に回転しています。心で言い換えると、常に時間と一緒に心は流れています。だから、**暗示だけだとすぐに無かったことになってしまう**のです。

しかし、**行動を起こせば、体が覚えます。これが定着です。**

つまり、**パターン・ニューロンを形成するには、現実での行動が必要不可欠**だということです。

意識がすることは潜在意識はしない

数年前のことですが、いろんな成功哲学に縛られて、身動きが取れなくなっている可哀想な女性と出会いました。

結局、彼女も奇跡を起すために成功イメージを一生懸命に練習していました。

両手の指にダイヤモンドやルビー、そしてサファイアといった大きな指輪を付けて、社長室の豪華な椅子に腰掛け、ブランド物の高級なコーヒーカップでコーヒーを飲んでいるイメージを毎日浮かべていたのです。

しかし、彼女はこのイメージを毎日浮かべるようになってから、すでに6年が経ちます。

6年も経って変化がなければ気づいてもいいと思うのですが、それだけ信じていたんですね。でも、どんなに信じていてもイメージだけでは成功できません。

「願望を達成させるために何をしていますか？」

「今はネット上で占いをやっていますが、ブログやメルマガで集客をしている最中です」

「社長になりたいんですよね？　……会社の登記は進めているんですか？」

「いえ、イメージは鮮明になってきたんですけど……」

「会社を立ち上げるんだったら法務局へ行かないと、イメージしても会社は立ち上がりませんよ」

「私、事務の手続きとか大嫌いなんです」

「嫌いでも会社は登記手続きしないと設立できませんよね？……自分でするのが苦手なら人を頼んだらどうですか？」

「会社設立の代行業者に頼んだら、手数料だけで40万円ぐらいかかるらしいんですよ……そんなお金ないし……」

「6年もあったのなら40万ぐらい貯金できそうですけどね……」

「生活がギリギリで余裕がないんです」

「そうですか……でも、アクションを起さないと、イメージを浮かべていても何も変わらないと思いますよ……」

「みんな努力すると意識が邪魔するから、かえって願望は達成できないって言ってるので、潜在意識が嫌がっていることはしないようにしているんです……」

「事務の手続きは潜在意識が嫌がっていることだからやらないんですか？……」

「本当にダメなんですよ……」

「それだと一生、社長にはなれませんよね……？」

「私、ホームページも持ってるし、ブログやメルマガもやってるので、もしかしたらお金持ちの人の目に留まって、社長になれる可能性だってありますよね？……」

「まあ、ないとは言えませんが……」

潜在意識は意識ができることはやってくれません。

会社を設立するなら、まず会社のハンコと定款を作って法務局で登記手続きをする必要があります。この作業はイメージを浮かべたところで誰もやってくれません。

今は資本金に制限がなくなったので1円からでも株式会社が設立できます。

確かに、会社のハンコを作る費用や定款に弁護士のハンコを貰う費用、そして法務局の手数料などを入れると25万円程度（2013年現在）の費用はかかりますが、行動を起こせば数日で会社は設立できます。「社長になる」という夢が数日で叶うんです。

彼女の言う「潜在意識が嫌がることはやらない」というノウハウをどこで手に入れたのか知りませんが、彼女は明らかに「潜在意識が嫌がる」ことと「ストレスになる」ことを混同しています。

でも、**ストレスを避けていたのでは、いつまで立っても変化は起こりません。**

会社の代表になるのなら、嫌なことや面倒くさいことは自分でやらないと誰もやってくれませんよ。まして、お金も払わないのに、どこの誰が嫌なことをやってくれるのでしょうか？

人に雇われている人が、人を雇うようになるということは、雇われている自分から、人を雇う自分に**「変化」**するということです。

人間が**変化を起こす際には、必ずホメオスタシスにストレスがかかります。**現在の自分にできないことをするときには必ず恐怖（ストレス）が伴うのです。

だから、心の病気の人が少しずつ自分を変えていくように、あなたも今日できなかったことが明日できるように、必要なパターン・ニューロンを系統的にインプルーブしていかないと何も変わらないまま時間だけが過ぎていくことになります。

欲しいものは背伸びをして手に入れることを覚えてください。

資産を作るためのＮＩＣ活用法

お金持ちになるには、まず欲しい金額に対する管理能力を育てなくてはいけません。

５００万円の管理能力しかない人が１億円を手に入れても管理できない分は知らず知らずのうちに手元から出て行きます。

これも当然の話、管理できないのだから出て行くのは当たり前です。

ところで、私の知人に競馬の好きな男性がいて、彼は１レースで１７０万円を当てたことがあります。

しかし、その170万円は1ヶ月もしないうちに全部使い果たしてしまい、残ったのはファミコンゲーム一式だけだと言います。

友人を何度か飲食に連れて行ったのは覚えているが、あとは何に使ったのかほとんど覚えていないと言うのです。

つまり、「知らず知らずのうちに手元から出て行った」ということです。

知らず知らずとは言っても、お金が勝手に紛失するわけもなく、気が付いたら使い果たしていたということなんですが、この「知らず知らずのうちに」というのは、「無意識に」ということであって、本人にしてみれば「どうしても使ってしまう」という感覚です。

こういった人を端から見ていると、お金を使うために一生懸命、言い訳をこじつけているようにしか見えません。

人はたとえ大金が手に入っても、それに応じて器が変容しなければ、潜在意識（ホメオスタシス）の働きによって普段のあなたに戻されてしまいます。

では、500万円の管理能力しかない人が1000万円、ひいては5000万円、1億円と、管理能力を上げていくにはどうすればいいのか？

人が社会で生活していると、必ず入ってくるお金と出て行くお金があります。

お金をたくさん稼ぐ人は、人より多くのお金が入ってきます。しかし、入ってくるお金が人より多くても、出て行くお金がそれ以上なら、自分の手元には残りませんよね。

つまり、お金の管理能力を育てるには、まず入ってくるお金と出て行くお金を分けて考え、ネックポイントになっているところを分析してバランスをとるようにするのです。当たり前のようですが、これができない人がたくさんいます。

たとえば、あなたに悩み事があって、友人に相談します。近くのファミリー・レストランへ呼び出し、話を聞いてもらいました。さあ、そこの会計は誰が払うのか？

これは常識から言えばあなたが払います。この払うべきときにお金を出せない人は、他人と大人の付き合いができない人ですから、よほど何かの魅力を持っていない限り他人は離れていきます。人が寄ってこない人にはお金も寄ってきません。

昔から「徳《とく》は孤《こ》ならず必ず隣《となり》あり」と言うように、利益を得るときは必ずキーマンになる誰かがいるということです。

成功するときは必ず誰かの存在があり、人が寄ってくるのに相応しい人間こそが成功者になるのだということです。よって、出すべきときにお金を出せない人は、ビジネスでもうまくいきません。

では次に、あなたが男性で、女性の友人から「相談がある」とファミレスに呼び出されました。さあ、ここの会計は誰が払うのか？

道理でいけば、あなたを呼び出した彼女が払います。

でも、あなたは相手が女性だから格好をつけたくて、良い人だと思われたくてレジに並ぶ……。

女性の前で格好をつけるのがあなたのすべてだと言うのならそれでもいいですが、資産を残したいのなら、出すべきではないお金は絶対に出してはいけません。出すべきではないお金を出したがるから貧乏になるのです。

「ファミレスの食事代など大したことはないので、ケチだと思われるぐらいなら払ったほうが気が楽だ」という男性が多いのですが、パターン・ニューロンにとって金額の大小は関係ありません。金額が大きくなっても条件次第で同じことをやってしまいます。

こういったことも、やはり「ケチと思われたくない」といった他人からの評価を守るための行為の積み重ねだったりするのです。

そして、ここで重要なのは、お金にコントロールされるのではなく、お金をコントロールすることをパターン・ニューロンに覚え込ますということです。

お金にコントロールされている自分から、お金をコントロールする自分へと変化するために、小さな金額のやり取りをどうこなすかが大切になってくるのです。

「ケチと思われる恐さ」を克服してください。

あなたが何よりも恐がっていたことを克服して、出すべきときにも出せるようになったら、自動的に自分の手元にお金が残るようになります。管理できる金額が徐々にアップしていくというわけです。

この扱える金額がアップする部分が**器の拡張**で、自分が支払いをするべきときはする、そして出すべきではないときは、「ケチと思われる」恐怖に負けないように、小さな金額から練習して行く部分が**ニューロン・インプルーブ・コントロール**です。

「貧乏もらい下手」の克服

お金の管理と言えば、昔から「貧乏もらい下手」というように、お金の無い人の多くが人から何かを貰うのが苦手だったりします。

何かをしてあげた「御礼に」とお金を差し出されても、「いえいえ、そんな事をして貰うためにしたことではありませんから……」と言って受け取ることを拒否してしまう。

時には自分の仕事でありながら報酬を受け取らない人もいます。

リフォームを専門にしている個人経営の男性は「知り合いからお金を受け取れないよ」と言って、友達やそのまた友達が家の不具合で困っていると、無償で修理をしてあげるのです。

修理をしてもらった友達は「すごい！　新築の時みたいに直ってる！」といって感謝します。すると、もっと感謝されたくなって、プロでありながら代金を受け取らない。

器用貧乏の典型的な例です。

こういった**貰い下手の人は、「ありがとう」の練習から始めます。「ありがとう」は誰かから何かを貰ったとき、または何かをして貰ったとき、その相手に「やってあげて良かった」と思って貰うための表現**です。

気持ちのこもっていない「ありがとう」なら言わないほうがまし。また、恐縮するだけでもダメです。

目上の人から何かを貰ったときの「ありがとう」、友人から何かをして貰ったときの「ありがとう」、身内から何かを貰ったときの「ありがとう」…ｅｔｃ

チャンスがあるごとに、気持ちのこもった「ありがとう」が表現できるように練習するのです。

ちなみに、世の中にはいろんな人がいるもので、誕生日やクリスマスのプレゼントを受けとるときに極度に緊張して、声が上ずるので、自分の誕生日やクリスマスがとても苦手だという女性がいました。

こういった極端な人でも、まず「ありがとう」をはっきりと言う練習をして、はっきり言えるようになったら、「ありがとう」に魂を入れる練習をしていきます。何事も系統的です。

自分に対して誰かが何かをしてくれるという行為は、本当に貴重なことなんだと、心の奥で認識することです。

「ありがとう」が言える場面なら、もう貪欲なぐらいに「ありがとう」を練習してください。

「ありがとう」の太いパターン・ニューロンが確立させていきます。

「ありがとう」のパターン・ニューロンが確立されると、今度は「ありがとう」を言わなければいけない場面が向こうから訪れるようになります。

また、自分の子どもが誰かからアメやお菓子を貰ったとき、「ありがとうは？」と教育しているお母さんをよく見かけます。

このとき、すぐにうまく言えなくても「もっと大きな声で言いなさい！」などと威嚇《いかく》したりするのは良くありません。人から何かを貰うことと、苦痛な感情が結びついてしまいます。

急いで「ありがとう」を言わせる必要はないのだから、きちんと「ありがとう」が言えるように、優しく教育してあげてください。そして、「ありがとう」が上手に言えたら、たくさん褒めてあげてください。この子は将来、貰い上手になります。

あがり症を確実に克服する方法

成功者を目指している人には「僕も人前でしゃべれたらいいんですけどね、どうも苦手で……」という人がよくいます。

本当に人前で話すスキルが欲しいのなら、やはり系統的に恐怖突入を繰り返し、少しずつ経験を積み重ねていくしかありません。

たとえば、まず10人の前で自分がもっとも興味を持っている話を5分だけしてみる。人前で話すのが慣れていない人が、興味のない話をかしこまった言葉で話して上手く話せるわけがないですからね。

もし、5分が長ければ、3分からでも、1分からでもいいから潜在意識に経験を残していくようにします。

人数も、10人の前ではプレッシャーが強くて話せないというのなら、5人から、5人がダメなら3人から始めればいいのです。

人前で上手に話しているイメージをいくら浮かべたところで、行動を起こさなければ何も変わりません。だからといって、荒療治のごとく、あがり症の人をいきなり500人の前に出してプレッシャーを与えたら、それこそ本当の対人恐怖症になってしまいます。

だから**現在、自分が背伸びをするとできそうなものからトライする**のです。

では、ひとつ挙げましょう。

友人の結婚式のスピーチで強烈にあがってしまい、それ以降、極度の対人恐怖症になってしまった男性がいます。

彼は10人の前で話すことはおろか、その時の状況によっては、4人の前で挨拶するだけで足が震えて顔が引きつるほどです。

彼には、私がやっている恋愛のセミナーや催眠の技術指導のセミナーに参加してもらって、スタッフの一員として手伝ってもらうことにしました。

まずは、胸にスタッフというバッジを付けて、参加者の皆さんを席に着かせる作業や、テキストを配る作業からはじめて雰囲気に慣れてもらいます。

そのうち、催眠で使うアイテムなど、わざと用意せず、必要な時に、私が話しているところへ、彼に持ってきてもらうようにしました。

参加者全員の目線が彼に向いた状況を一瞬だけでも作るためです。

デモンストレーションの際は、椅子を前に持ってきてもらうなど、一度のセミナーで3回ほど全員の目線が彼に向く状況を作ります。

結局は、状況に慣れていないからプレッシャーに負けてしまうのであって、何度かその景色（状況）の中に入ると慣れてくるものです。

彼がスタッフの仕事に慣れてくると、そのうち参加者の方からも「トイレどこですか？」などと、よく話しかけられるようになりました。

その頃には彼の気持ちにも余裕が出ていたみたいで、ある日、彼自身の口から「今度、セミナーが始まる前に、カリキュラムの予定と、トイレの場所を私にしゃべらせてください」と言ってきたのです。
わずか2分程度ですが、彼はちゃんと大きな声で説明ができました。スタッフの仕事を手伝う前の彼なら、声も上ずっていたかもしれませんが、光景を見慣れた彼にはほとんどプレッシャーも無く「めちゃくちゃ気持ちいいですね〜」と興奮気味に感想を言っていました。

彼はこの経験が自信を生み、現在はバスガイドをしている彼女と恋愛や人間関係のコミュニケーションについてのセミナーを開き、少人数ですが人前で講義を行っています。彼は「もう20人ぐらいならほとんどプレッシャーを感じませんね」と言っています。

もし、あなたがあがり症で悩んでいて、身近にセミナーなど人前でスピーチ等の仕事をしている人がいるなら、無料奉仕という形で手伝いをさせてもらうといいかも知れませんね。彼のように、長年悩まされた対人恐怖が治るのなら報酬が無くても損は無いと思います。

パターン・ニューロンの確立と減退

パターン・ニューロンは無意識の習慣を作り出すものですから、地道に育てていくのが通常です。しかし、パターン・ニューロンは、ときとして突然に確立してしまう事もあります。その多くが強いショックを受けたときです。

たとえば、友達と山登りに行ったとします。友達は山登りの道具を持ち、あなたは食料を持っていきます。そして友達の食料まで管理していたあなたは、軽率にも食料を谷底へ落としてしまいました。

もう引き返すよりは目的地まで行ったほうが早い。そこで友達は「メシなんか食わなくても死にはしないさ！」と、あなたに優しい言葉をかけて目的地まで行くことを提案します。

しかし、途中の道のりで思いのほか疲労してきたあなたと友達はお互いの非を責め出すのです。

「お前が食料を落とすようなドジなことをするのが悪いんだよ！」
「ふもとに帰れば良かったのにお前が登ろうって言ったんじゃないか！」

こんなふうに口論が始まり、あげくの果てに友人と殴り合いになってしまいました。あなたは心に大きなショックを受けてしまいます。

ショックを受けた心は大きく揺れます。そして揺れた分だけ太くて丈夫なニューロンがあなたの脳の中で確立してしまうのです。

この場合だと、「とても辛い感情」↓「友達に殴られる」↓「ドジという罵声」↓「友達の激怒した顔」↓「優しい友達が急変する」↓「食料を無くす」↓「山登り」と、こんなふうに情報がネットワークのように関連性をもってしまいます。

あなたの中でパターン・ニューロンがネットワークを結んでいる間は、山登りに関連するキーワードを聞くだけで当時の苦い想い出がよみがえってきます。

確立されたパターン・ニューロン

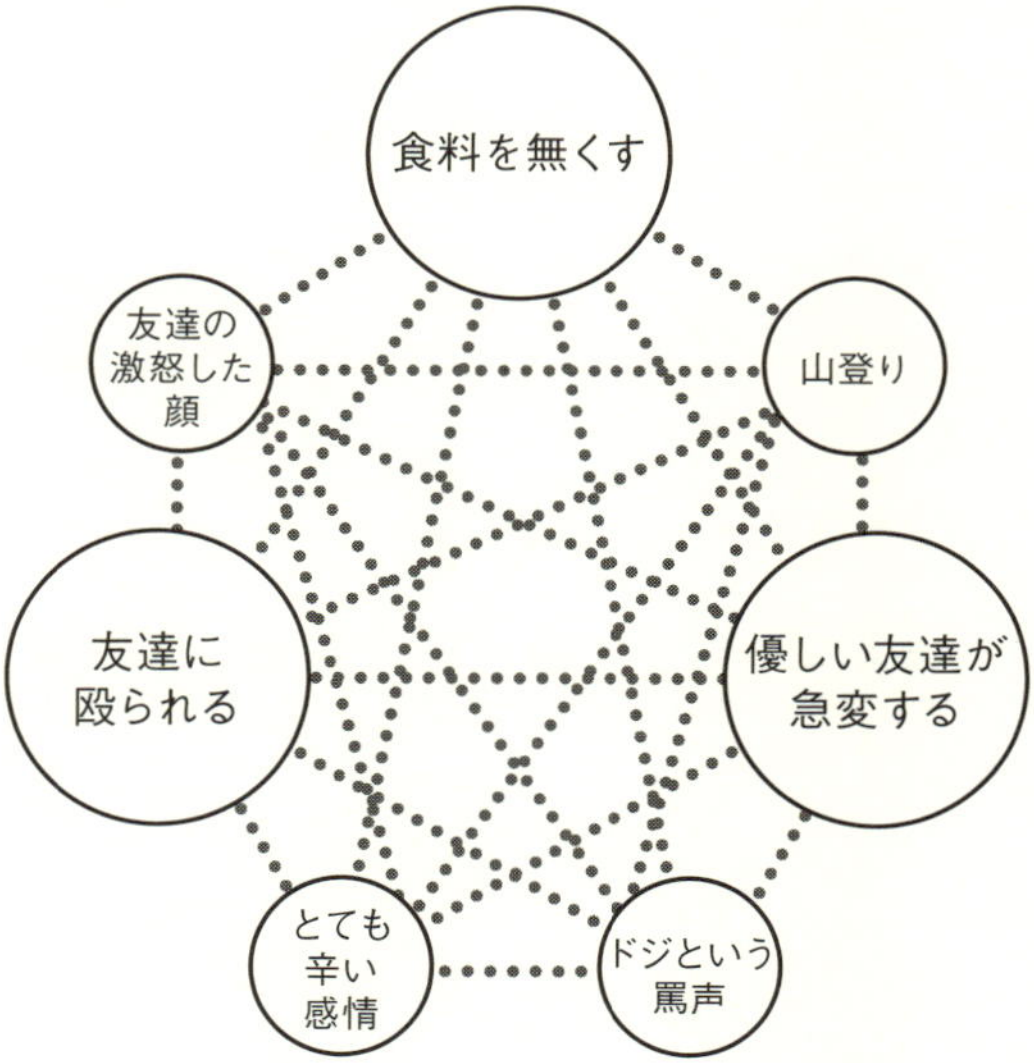

断片的に減退したパターン・ニューロン

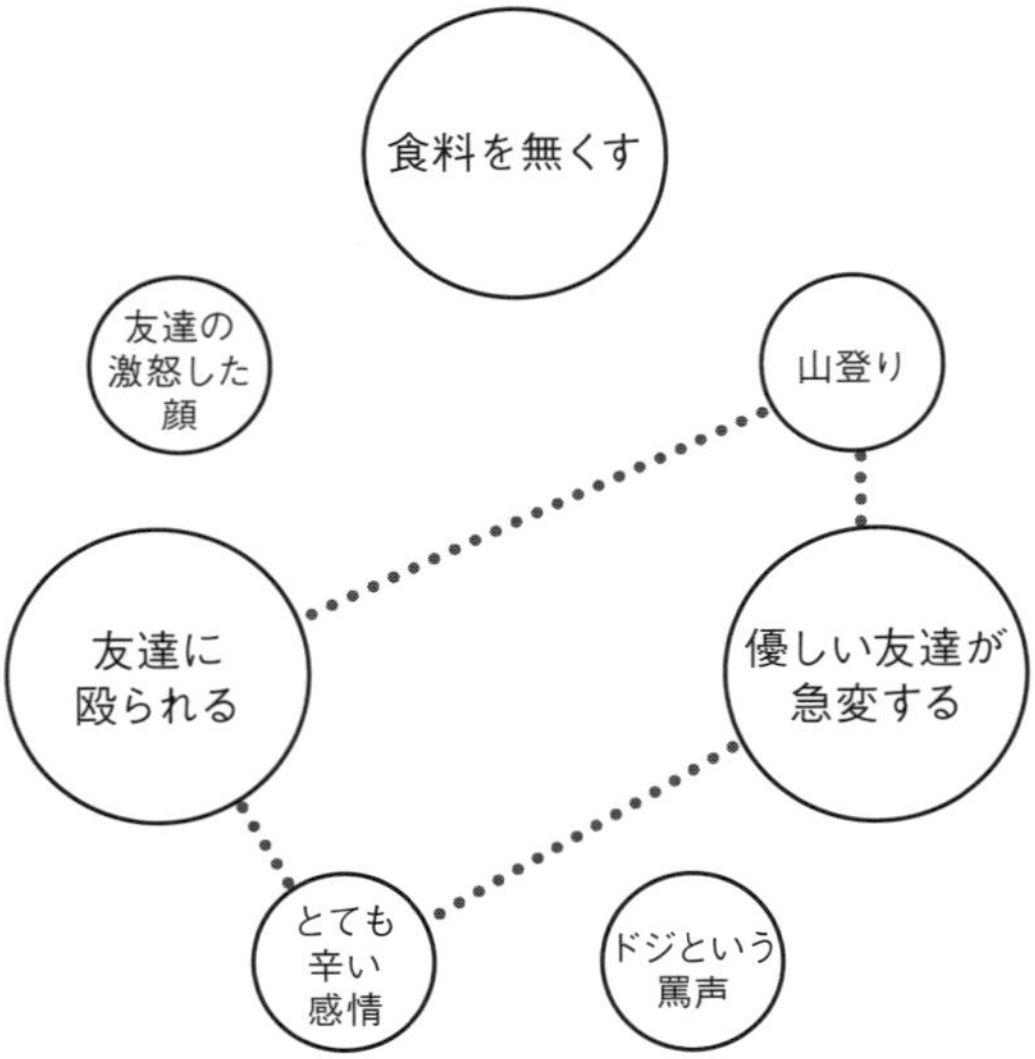

確立されたパターン・ニューロンは刺激を受けている間は活発に働きます。しかし刺激を受けないでいれば徐々に活動領域からしりぞいていきます。使わないものは必要ないので退化していくというわけです。

その出来事に関する行動もせず、気にもしなくなったらパターン・ニューロンが減退を始めていくのです。活動をしなくなってから退化を始めるまでに、我々はその期間を約21日間と考えています。

禁煙で説明するなら、**タバコを吸わなくなったときからパターン・ニューロンが減退するのではなく、タバコを意識しなくなったときから減退が始まる**のです。

タバコを吸わなくなっても、まだ「吸いたい」といった欲望がある間はパターン・ニューロンが働いている証拠です。

また、パターン・ニューロンの減退の仕方は、順番に行われるものではありません。**パターン化されたニューロンは、断片的に減退**していきます。

「ドジという罵声」から「優しい友達が急変する」を繋ぐ連結網であるニューロンが減退したとしても「山登り」と聞くだけで、なぜか友達に殴られたことを想い出してナーバスになったりします。

そして**これこそがトラウマの原型**だったりするのです。

幼い頃、あごヒゲを生やした男性に性的暴行を受けた女性が、大人になってから、あごヒゲを生やした男性を見ると、なぜか身体が緊張して震え出すといった本人にも理解できない症状が現れたりします。これは、パターン・ニューロンは減退しているのに、記憶だけが断片的に残っているからです。

だから**経験してしまった出来事は、その人の中に残り続けるので、克服するためには、その出来事を受け入れて、恐怖突入を繰り返して乗り越えるしかない**のです。

逆に、**スキルアップする場合も、神経細胞（ニューロン）は筋肉細胞と同じで新しく作り替える機能を持っていませんから、インプルーブ（育てる）しか手がありません。**

重量挙げの選手がバーベルを持ち上げて筋肉を育てるように、パターン・ニューロンもやはり鍛えて育てるしかないのです。でも、初日から重いバーベルで練習したら体が壊れてしまうように、ニューロンのインプルーブも系統的に行ってください。

「運」も自由にできるＮＩＣ理論

先日、取引先の会社で昼休みになり、お世話になっている担当者の方と近所の定食屋で昼食を取ることになりました。

場所もオフィス街ですし、時間も正午ということでお店は満員です。

そのとき、丁度私たちの隣にスーツを着た男性と同じ会社だと思われるＯＬさんが定食を食べていました。

男性は、魚の定食を食べていたらしく、突然「痛てっ！…今日はほんとツイてないよ〜魚の骨が刺さったよ〜」と苦痛な顔で言うのです。

でも、本当にツキがないから魚の骨が刺さったのでしょうか？

いいえ違います。

食べる前によく身をほぐし、骨を見つけていれば刺さっていなかったはずです。

なんでもかんでも悪いことを運のせいにするから運に見放されるのです。
悪いことをすべて運のせいにしていると、悪い運のパターン・ニューロンが確立してしまい、本当に悪いことを引き寄せてしまいます。

運が良くなりたければ、幸運のパターン・ニューロンを育てることです。

不幸は使えば使うほど不幸のパターン・ニューロンが活発になり、また不幸を引き寄せてしまうように、幸運は使えば使うほど幸運のパターン・ニューロンが育ち、また幸運を引き寄せてきます。

たとえば、財布の中の小銭が375円あったとして、コンビニで買い物をした際、支払いの代金が1375円で、財布の中の小銭と支払いの際の代金が丁度になったときでも「おれって本当に運がいいよな〜」と、ほんの些細な幸せでも、きちんと認識するように心掛けるのです。そうすることで幸運のパターン・ニューロンは育っていきます。

運を良くしたいのなら、「悪いことがあったら自分のせいにする。そして良いことがあったら自分以外のせいにする」ことです。

たとえ自分が頑張ったことでも、他人に自慢などせずに、時間をさかのぼるように振り返り、誰か貢献してくれた人を見つけ、心からその人のお陰だと思ってください。

この他人に対する感謝の気持ちが「感謝」というパターン・ニューロンを育て、また人に感謝すべき出来事があなたに引き寄せられるのです。

誰かに感謝する出来事が起こるということは、あなたが困った時に助けてくれる誰かが現れるかも知れませんし、あなたが飛躍するために力になってくれる人が現れるかも知れません。

良いことがあって、その出来事を振り返っても、感謝すべき人がどうしても見つからなかったら、その時こそ「運」のせいにするのです。

「俺って本当に運がいいな～」と……。

逆に、悪いことがあったら、反省の対象にしてください。つまり、自分のせいにするのです。その悪いことを二度と繰り返さないためです。

「この不幸は本当に避けることができなかったのだろうか？」と考えて、反省できる部分を見つけ、それを繰り返さないように心掛けるのです。

車の運転をしていて接触事故を起こしたとき、自分のせいにして反省できる人は同じ失敗を繰り返しませんが、運のせいにする人はまた同じ失敗を繰り返します。

個人の変化VS集団の変化

個人のパターン・ニューロンがそれに基づいた生活環境を引き寄せるように、他人にも同じシステムが働いていることを理解しておかなければいけません。

あなたが頼りにしている人があなたの周りから居なくなったら困るはずです。居なくならないにしても、何かのきっかけで頼りにならなくなったら困るでしょう？　それと同じように、あなたが変化してしまうと周りの人たちは困るのです。

あなたの周りの人があなたのパターン・ニューロンの一部であるように、あなたも他人のパターン・ニューロンの一部です。

あなたが変わるということは、他人の心の安定を乱してしまうことに他なりません。

あなたが成功者になろうとしたとき、あなたがお金持ちになろうとしたとき、あなたが幸せになろうとしたとき、**周りの環境はあなたの変化を意識的、無意識的にかかわらず、必ず阻止しようとします。**

ある女の子ばかりのグループがいました。

学生の頃からの友達で、社会人になって3年目の今時の女の子たちです。当時この子たちの生活は合コンが中心となっていて、異性との交流に明け暮れていました。

その中に小さい頃からいじめられっ子だった吃音症《きつおんしょう》（＝どもり）の女の子がいたのですが、他の子が彼氏を取っ替え引っ替えしているのに彼女だけは彼氏がなかなか出来なかったのです。

それがある日の合コンで、バツイチ子持ちの男性と意気投合して交際を始めることになります。

このバツイチ子持ちの男性は会社を設立して間もない代表取締役です。小さい会社ではあるけれど、いちおう成功の軌道に乗り始めていました。

吃音症の彼女は、誕生日を祝ってもらったり、クリスマスも泊りで出かけたりと、今までの経験には無かった幸せな生活が始まったのです。

するとグループの友達たちは、彼女の幸せを喜ぶどころか、「それって不倫と同じじゃない！　子供いるんでしょ！」「そんなコブつき（子持ち）なんてやめなよ」「あんた将来のこと考えてんの!?」などと言って、彼女の幸せを阻止しようとします。

本人は「今までに無い幸せな毎日なの」と言っているのに「悪いことは言わないから止めときなよ。また別の人さがそ？」とアドバイスを装った妨害を始めるのです。

グループの子たちにとっては、吃音症の彼女が今まで通り不幸な子でいてもらわないと困るんです。

自分たちに嫌な出来事があったとき、いつも自分より不幸な人間でいてくれた彼女が幸せになってしまうことを許さないのです。

〝人が変わる〟ということは、これだけ周囲に影響をもたらします。

もし、あなたが成功に向けて何か行動を起こそうとしたとき、あなたが良くなることを願っている家族ですら止めにかかるかも知れません。当然そこに悪気はありません。

だから、家族や周囲の人たちに渾身の注意を払いながら慎重に変化をしていくのが理想なのです。

そのためには、**目標の達成が確実になるまで周りに告知しない**ことです。

目標を達成するために必要な人には仕方ありませんが、できるだけ周りに内緒にして、ひそかに行動することです。そうすることで、周りの抵抗を最小限に抑えることができます。告知するのは、自分の目標がほぼ手中に入り、誰も阻止できなくなってからでもいいと思います。

大衆の器が個人を形成するとき

この世は、個人、家族、地域、社会、国家、地球、宇宙といった〝システム区分〟がなされており、相互の関係を保つことによってバランスをとっています。何かひとつ変化を起こすと、それに関連するものは必ずバランスを崩します。このバランスを崩さないように、潜在意識が働くことは今まで述べてきた通りです。

個人の器が大衆に影響を与えるように、大衆の器もまた個人に対し、無意識に活動して

システム区分の模式図

しまいます。

たとえば、大衆に強い影響を与えていた個人が突然いなくなると、大衆の心に真空ができてしまい、心のバランスを崩してしまいます。すると大衆の潜在意識は真空を埋めるための活動を開始します。

わかりやすいところで説明すると、以前テレビの中で視聴者に多大な影響を与えていた占い師の細木数子さんが突然テレビ業界から姿を消したら、間もなくして同じような辛口キャラのマツコ・デラックスさんがそのポストに入るような感じです。

社会心理学にも「2・6・2の法則」というのがあり、会社の中に10人のグループがいたとして、必ず優秀な人間が2人、落ちこぼれが2人、そのどちらでもない予備軍が6人の比率で構成されると言われています。

もし、優秀な人間が1人いなくなったら、予備軍である6人の中から1人優秀な人間が自動的に育ち、同じように落ちこぼれの人が1人いなくなっても、予備軍から自動的に1人落ちこぼれが作られていきます。

つまり、個人にしろ集団にしろ、これだけ世の中は器（パターン・ニューロン）の影響を受けて形成されているわけです。

確立してしまったパターン・ニューロンの力は絶大なのです。

しかし、一旦あなたの中で成功者になるためのパターン・ニューロンが確立してしまったら、パターン・ニューロンはずっとあなたの背中を押し続けてくれます。

あなたが意識的にストップをかけない限り、成功に向かって着実に前に進んで行くのです。そして「器」は生まれ持ったままのものではなく、自分自身で拡張していくことが可能だということを理解しておいてください。

集団のパターン・ニューロンにも邪魔されず、自分自身のホメオスタシスにも反発されないように、系統的に器を拡張していくことがＮＩＣ理論のベースです。

日常の小さな事柄を相手に、「目標を掲げる」→「少しだけ無理をして手に入れる」といったパターン・ニューロンを形成してください。これこそが成功のパターン・ニューロンです。

成功のパターン・ニューロンができてしまったらもうあなたの勝ちです。

次章では、人間の深層心理に深く関わってきた催眠療法ならではの潜在意識活用法を紹介していきます。

あなたの願望達成に加速をつける方法を紹介していきますので、暴れ馬のような潜在意識を上手に乗りこなして、思う通りの人生を手に入れてください。

NEURO IMPROVE
CONTROL

第3章

人生がすぐに変わる潜在意識の操縦法

潜在意識をコントロールする本当の方法とは

私の知り合いに居酒屋を経営する女性オーナーがいます。

彼女と初めて会ったのは、彼女がまだ居酒屋の経営を夢見ている頃でした。その後、彼女は離婚をきっかけに夢に向かって動き出します。

彼女は自分の夢を叶えるために、まず資金を貯めることから始めたのですが、離婚の原因が元ご主人の借金ということもあって、彼女の資金集めに「借りる」という選択はありませんでした。

そんな彼女が最初に何をしたかというと、家の近くに開いていた都市銀行の預金口座を、電車で二駅先のローカル銀行に移すという行動だったのです。

なぜそんなことをするのか聞いてみると、「お金を貯めるためです……近くに銀行があると、すぐに下ろしちゃうでしょう……だから遠くの銀行に変えたんです……わざわざ電車に乗ってお金を下ろしに行くのって手間だし、電車賃もかかるし、もったいないからお金を下ろす頻度が減るでしょう……下ろしに行かなくなるとお金が貯まるでしょ？……」と言います。

彼女は実にうまく潜在意識をコントロールしていますよね。

こんなとき、もし催眠術を使って「あなたはお金を貯める」などと暗示を入れても何の役にも立ちません。こんなものを自己コントロール法とか、潜在意識のコントロールなどと考えている人がいたら大変な間違いです。

居酒屋を経営している彼女が自分を客観的に観て、自分の性質を考慮したうえで資金を貯めるために行った行動こそが潜在意識のコントロールなのです。

願望を達成する際、最後のあと一歩で夢を掴み損ねることはよくあります。そして、**最後の一歩を突き抜けるときには潜在意識の後押しがものをいいます。**

いわゆる**『突破力』**です。

最後の一歩が届かずに夢を断念する人と、最後の難関を突破して夢を掴み取る人の違いは、潜在意識に背中を押されたかどうかの違いです。

潜在意識をコントロールする本当の方法を覚えて、突破力を身につけてください。

成功の秘訣は秘密主義

目標に向かって行動を起こすとき、周りの抵抗を最小限に抑えるため、その目標が達成確実になるまで必要な人以外には内緒にして、ひそかに行動することをお話しました。

ここでは、**自分自身の潜在的なパワーをフルに発揮するために「秘密主義」になる**ことをお話ししたいと思います。

たとえば、恋愛カウンセラーとしてインターネットで活躍している人に、ある日、某雑誌社から連載の話が来たとします。

もし、その人に恋人が居たら、真っ先に連絡して一緒に喜んでもらいたいと思うでしょう。でも、この時点で恋人に話し、喜びを分かち合うと、潜在意識の気が済んでしまい、もう力を出さなくなります。

そして、連載が始まると、潜在意識はすでにことを終えてすっきりしてしまっているので、案も浮かばなければ、執筆のエネルギーもまったく出てこないということになります。だから、潜在意識の力を活用するためには、**一番あなたが言いたい人に、あえて内緒にしておく**のがポイントなのです。

「完成するまで誰にも言わない。もし、完成しなかったら無かったことにする。『おれにもこんな話があったんだよ』などと、没になった話を自慢するような、負け組みが言うセリフは口が裂けても言わない」

このように心に決めて、**潜在意識に自らストレスをかける**のです。

潜在意識がスッキリするためには、連載を現実にするしかなくなります。すると**潜在意識はあなたが想像するより遥かに驚異的な力、いわゆる「突破力」を発揮する**のです。

願望は漠然と目標は明確に

夢を実現させるために、ＮＩＣ理論では「願望」と「目標」を分けて設定します。

願望は大きな要望を漠然と描き、目標は現実的なものをはっきりと描きます。

たとえば、願望は「私は女優になる」といった大きく漠然としたものを描き、目標は「今度のオーディションまでに４キロ痩せる」といった現在のあなたにとって現実的なものを目標として立てるのです。

もし、あなたがボクサーで、世界チャンピオンを目指しているのなら、ただ「俺は世界チャンピオンになる」と願望を持ち、目標は現実的に捉え、相手の弱点が右のわき腹なら、「次の試合までにどんな体勢でも左ボディが打てるようにする」といった目標を立てて練習に励みます。

目標は具体的で少し頑張れば達成できるものを設定して、願望は大きく方向性だけをは

つきりさせて、あまり具体的にしないようにするのがポイントです。

なぜなら、ＮＩＣ理論の基本は系統的なインプルーブだからです。

ひとつ目標を達成したら、次のステージに上がり、また新たに目標を設定して行動を起こします。

目標を細切れにするのは、ステージをひとつずつ上がる過程で、最初に描いた願望と違う形になることがよくあるからです。

願望には若干の遊びを作っておかないと、飛躍のチャンスが横をすれ違っても気づかなかったりします。

歌手を夢見て芸能活動を頑張っていた人が、のし上がる過程で女優に目覚め、女優として成功している人は珍しくありません。

これも当然の話、ステージを上がるたびに今は無いスキルが身につくのだから、今の時点で枠を狭くしてしまう必要は無いのです。

今は訪れないチャンスも、ステージを上がるにつれて、思いも寄らなかったチャンスがいくらでも訪れます。

そんなときのために、願望は大きく方向性だけを決めて、目標は少し頑張れば達成できる目の前の現実的な事柄を具体的にしておくのが成功のコツなのです。

そういった意味では、矢沢永吉さんのように「おれはビッグになる」と願望を描き、デモテープを作っては何度も何度もレコード会社に売り込みに行っていたのは理に適った願望達成だったと思います。

注意事項として、**目標を設定する際、あまり長期間になる設定はしない**ことです。

願望はいくら大きくてもいいのですが、**目標は達成までの期間があまり長くかかるとモチベーションを保つのに大変な苦労をしないといけなくなる**からです。

もし、目標達成までに時間がかかり、途中で力尽きて諦めてしまったら、あなたの中で「諦め=負け癖」といったパターン・ニューロンが形成されて、思ったことがことごとく達成されない状況に陥ることがあります。

大きな目標を立てても、能力がついてこない限り達成はできませんし、その目標を達成するまでの間が長ければ長いほどモチベーションを保つための忍耐が必要になります。

それよりは、**少し頑張れば達成できる目標を立てて、それを達成し、「目標達成」とい**

う実体験を自分の中に残し、「勝ち癖」といったパターン・ニューロンを形成していったほうが遥かに早道なのです。

認めてもらいたい人を見つけると情熱は覚めない

モチベーションを保ち続けるといえば、認めてもらいたい人を見つけるのも一つの方法です。

学校の先生でも、宗教団体の教祖様でも、本気で**「この人に認めてもらいたい」と思う人ができたら、モチベーションの持続にはとても役に立ちます。**

ネガティブな話で説明すると、離婚した相手を見返す気持ちもそうですよね。

たとえば、旦那の浮気が原因で離婚した奥さんの、「痩せて綺麗になって元旦那を後悔させてやる」といった気持ちもモチベーションの持続には役立ちます。

ただし、こういったネガティブな気持ちで認めて欲しい人（憎む相手）を設定すると、そのままの全容がパターン・ニューロンとして形成され、今後あなたが何か願望を抱くと、無意識に憎む相手を引き寄せてしまうことがあります。

だから、もし、自分にひどいことをした相手を見返すためのモチベーションで目標が達成できたら、「あのひどい出来事は、この目標の達成と引き換えだったんだ」と考え、**目標を達成したと同時に憎んできた相手を許す**ことです。

そして、「目標を達成した」という事実だけに意識を向け、今度の目標達成は、憎むべき人物を関与させないでクリヤーするように、意識してパターン・ニューロンを育ててください。

見返したい相手（認めてもらう相手）はモチベーションを保ち続けるために役に立ちますが、できればポジティブな関係の人に認めてもらいたいと思ったほうが、将来のあなたのためです。

誰かに認めてもらうといった意味では、「成功哲学の勉強会」や「願望達成スクール」など、人が集まる教室に通うのもモチベーションを保つための潜在意識のコントロールに繋がります。

イメージを活用するにしても、同じ教室に通う仲間に祝福されている成功イメージは浮かべやすいと思います。

モチベーションの維持だけで考えるなら、その教室の先生が正しいことを言っていようがいまいがあまり関係ありません。

同じ価値観を持った人が大勢集まるのだから、競争心も働きますし、強力なモチベーションを持つには最高の環境です。

着目点を間違えるとモデリングにならない

あなたが成功願望を抱く世界で、優れた能力の持ち主が居たら、**その人を真似ることで比較的簡単に目標を達成できます。**

人は見本があることによって物事を容易に学べるようになるからです。

たとえば、プロ野球で、剛速球を投げる選手のピッチングフォームを真似したら、自分も球速が早くなったとか、打率の高い選手のバッティングフォームを真似したら、自分も打率が伸びたという選手の話はよく聞きます。

これを我々の世界ではモデリングというのですが、成功者を見本にした場合、どこを真似るか間違えないようにしないといけません。

私が出会った中古車センターの経営者は、経営不振に陥ったときから、経営の勉強ではなく、催眠や成功哲学の勉強を始め、どこでどう間違えたのか、「大会社の社長になりたければ、その社長の呼吸と同じスピードで呼吸をしなさい」とか、「姿勢や歩き方を真似しなさい」などと教わったらしく、それが「成功者になるためのモデリング」だと本気で理解していたのです。

でも、現実から足を離してはダメです。そんな所を真似してもスキルは上がりません。勘違いしないでください。**能力アップに直接繋がる部分を真似するのが成功者になるためのモデリングです。あなたが経営を目指しているのなら、成功している経営者の経営スタイルを真似する**のです。

たとえば、どういったことに資金を使い、どこを節約しているのか？　人の使い方では、従業員をどんなふうに叱り、どんなふうに褒めているのか？　お客さんにはどう接しているのか？　会社経営のために何を大切にしているのか？

経営がうまくいっている直接の要因を観察し、その部分を真似るのです。

苦悩の日々が続くと、多くの人が現実離れした考え方をしてしまいます。しかし、現実離れした考え方をしている間は現実の世界が見えていません。

あなたが小学校の頃にやった計算ドリルの問題を解いているとします。一生懸命に問題を解いている間は目の前の数字が見えていますが、不意に「昨日なにを食べたかな？」と考え出すと、前にあるはずの数字が見えなくなります。現実離れした考え方をしているときは、目の前にある自分のやるべきことを見失ってしまうのです。

誤った選択をしないために、無駄な時間とエネルギーを使わないために、苦しい時こそ現実から離れないようにしてください。

穴が明いている袋にジャガイモを詰めても意味がない

ビジネス書を何冊も読んだり、**願望達成の勉強をたくさんしても、まったく自己実現ができない人は、「何かひとつのことをやっていれば成功する」と考えている**ことが少なくありません。

たとえば、「成功イメージを毎日練習してれば、あとは何もしなくていいんだ」「成功者の手振り素振りを真似していれば、あとは普段の通りでいいんだ」などと、**努力する事柄をひとつに絞りたがる**のです。

しかし、**願望を達成するには、現在あなたが持っているエネルギーをすべて動員したうえに、潜在している能力も引っ張り出してこないと実現しません。**

ダイエット志願者の人が、毎日5分間の半身浴を始めて、「私は半身浴を始めたから、ご飯はいくら食べてもいいんだ」と思い、ダイエットに失敗するのと同じです。

自分が持っている能力も出し惜しみして、潜在意識の力も借りずに成功できるのなら、もうとっくに成功しているはずです。

ある人に「あなたはその目標を達成するために、全エネルギーを費やしてますか？」と聞くと「当然ですよ、嫁や子どもにも協力してもらってますからね……」と言う。

「では何のために馬券を買ったり、宝くじを3万円分も買ったりするんですか？」と聞くと「あれは別ですよ……あれは夢を買ってるんです」と言います。

別に馬券や宝くじを買うのは一向に構いませんが、これは成功を夢見る人間にとって、**穴の明いたジャガイモの袋を使っているのと同じ**です。

お金を別のことに使っているからこぼれていると言っているのではありませんよ。必要なエネルギーがこぼれていると言っているのです。

「宝くじに当たれば一瞬にして勝ち組になる」

「宝くじを買わなければ当たらない……でも買えば当たる可能性がある……」

こういった**心の拠り所（よりどころ）が穴の明いている部分**です。

つまりは、あなたの成功意識は穴の明いたジャガイモの袋と同じで、いくら本を読んでその気になっても、セミナーに通って気合を入れても、**早く楽に成りたい気持ちがエネルギーを逃がしてしまう**のです。

人はいざとなったとき、自分がしんどくなったとき、甘えられる枠の分はギリギリまで甘えます。

ところで、私が経営コンサルタントで入っていた企業に、ミスの多い社員がいました。この若者の電話対応を聞いていると、あまりにも「すみません」「申し訳ありません」が多く、謝罪言葉が完全に口癖になっています。

別に謝るようなところではないのに「すみません、私〇〇と申します」などと、自己紹介の頭にまで謝罪の言葉を付けるのです。

これは、「自分はミスをするかもしれない」「ミスをしても大目に見てくれ」といった甘えを前もって相手に押し付けているわけです。

つまり、最初から甘えられる枠を自ら作っているのです。だからミスが無くならない。

そこで彼に「すみません」「申し訳ありません」を言わさないようにさせると、これが面白いことにミスをしなくなるのです。甘えられる枠を無くしてしまうと、自動的にミスが減るということです。

馬券や宝くじを買う人の心理も同じで、「当たる可能性がある」「当たったらもうしんどい思いをしなくて済む」といった甘えの枠を無くしてしまうと、エネルギーがリークしなくなり、自分が思っているパワーより遥かに大きなパワーが目標に向かって働き始めるのです。

これが「全エネルギーを費やす」ということであり、自ら可能性を切り捨ててしまうことで潜在意識をコントロールするのです。

しかし、人間はいつもフルパワーというわけにはいかないので、心の拠り所ならぬ、休憩は必要です。

だからこそ、あまり長期にわたる目標は設定せず、少し無理をすれば達成できる目標を設定して、系統的にクリヤーしていくのです。突拍子もなく大きな目標を立てても自分が辛くなるだけです。

何があっても叶えたい願望があるときは、その期間だけでも馬券や宝くじなど、空想の中で心が楽になるような甘えは作らないようにすることです。

成功してしまえばいくらでも買えます。

成功を夢見るのなら、**願望が達成されるまで自分が持っている成功エネルギーは一滴も外に漏らさない**ぐらいの心構えでいてください。

あなたを成功者へと突き上げる最高のエネルギー

願望を手に入れるとき、心のエネルギーは絶対に必要です。

エネルギーを出し惜しみしたまま成功できるほど自己実現は甘くありません。

しかし、心のエネルギーは充分にあるのに、矛先《ほこさき》を間違えているせいで、せっかくのエネルギーを無駄に捨ててしまっている人がたくさんいるのです。

願望達成にもっとも役立つ心のエネルギー、それは『嫉みの心』です。

どんな世界にもライバルがいて、ライバルが肩を越すと、突き上げてくる嫉み心に振り回されて尋常《じんじょう》ではいられなくなる人がいます。

長年ラーメン屋をやってきた亭主が、近くに新しいラーメン屋ができると、そこの評判を落とすために「あそこのラーメンを食べて食中毒になった」などとデマを飛ばしたりします。最近では、インターネットなどを利用して、嫉み心に負けたラーメン屋の亭主と同じことをしている人がたくさんいるようです。

ライバルが少し飛躍するたびにインターネットの掲示板などに評価を落とすような書き込みをしたり、嫉みという感情を抑えきれず、誹謗中傷を書き込んだりしている人が後を立たないみたいです。

しかし、**この嫉みという『心のエネルギー』は、使いようによっては成功のためのパワフルなエネルギーになります。**

いいですか？　負け組みから勝ち組になるということは、負け組みだったあなたから、勝ち組のあなたに変化するということです。さらに言うと、負け組みの位置から勝ち組の位置へと移動するわけです。

もし、ライバルが肩を越したからといって、ライバルの足を引っ張るような行為をすると、それは自分の位置はそのままで、勝ち組に移動したライバルを自分の位置に引きずり降ろすことに他なりません。つまり、自分はそのままの位置で動かないように頑張っていることになります。

ライバルが飛躍したときや、新しいライバルが出現したときは、「お前はもう一段階、上のステージへ行け」といったメッセージだと受け取ることです。

先ほどのラーメン屋の亭主のように、嫉みに負けて行動を起こしてしまうと、成功に向けて前に進むことを放棄しているのであって、自ら「自縛暗示」をかけているのと同じなのです。

成功者になるということは、ライバルとの差を縮めることではないはずです。ライバルがどの位置にいようと関係ありません。あなたが飛躍しなければ意味がないのです。

嫉み心というパワフルなエネルギーは、あなたが飛躍するための最高のエネルギーです。

あなた自身のために使わなければ損です。

ライバルが新しい展開をして飛躍したとします。その事実を知り、悔しい気持ちや嫉みが突き上げてきたら、ライバルを上回る手段は無いかと一心不乱に考えてください。言い方を変えるなら一生懸命に悩んでください。少々日にちがかかっても、嫉み心を抱えたままストレスの真ん中であぐらをかく気持ちでいてください。

潜在意識は嫉みという強いストレスをそのままにはしておかないので、必ず解決策がインスピレーションとして出てきます。さらに、この強いエネルギーは行動力にも影響を与えます。

運動音痴で、体を動かすのが大嫌いだった中年男性が、人間ドックに入り、検査の結果、医師から「コレステロール値が高く、血管が詰まりかけているから、野菜を多く食べて毎日30分程度の運動をしなさい」と言われると、あれだけ運動嫌いだった男性が毎日30分間のランニングを始めたりします。**追い詰められた心のエネルギーは強い原動力として働く**のです。

嫉み心を利用して自分を追い詰めてください。嫉みの心は天から舞い降りた最強の成功エネルギーです。**使い方を間違えないでください。**

操作を間違えると地獄に落ちる心のエネルギー

先日、催眠の仕事で横浜へ行った時の話なんですが、あるご縁で、偉いお坊さんとお話しさせていただく機会をいただきました。

いろいろと勉強になる話を聞かせていただいたのですが、その中で「嫉む心は天国と地獄を分ける水だ」と言うお話が私にはとても印象的でした。

「人を嫉む心は自らの心に毒を流し、心を痛めつけるのです。しかし、嫉みの心に負けて他人を傷つける人は、その毒が体に流れ込み、体を蝕んでしまうのです……」

人を嫉み、ライバルが嫌がる行動を起こしても、嫉みという心の底から突き上げてくる感情が一時的にスッキリするだけで、自分にとっては何も良いことはありません。

ちなみに、私事で恐縮ですが、平成21年に父親が他界しました。

葬儀の折にはたくさんの関係者に集まっていただきましたが、その中に私の成功を良く思わなかった親戚がいたらしく、葬儀から数日後、私に脅迫状を送り付けてきたんです。

彼しか知らないことがいくつか書いてあったので、犯人はすぐにわかりましたが、私は何をどうするわけでもなく、気にもしなかったのですが、それから1年ほどたった頃でした。その親戚が体調を壊し、入院したという連絡があったんです。

普段付き合いの無い親戚からの知らせですから、重症なんだろうとは思っていましたが、私はどうしても見舞いに行けず、見舞いから帰って来た身内に話を聞くと、出血の処置のために右のわきの下に1本、ミルクや薬を投与するために腹部に1本、尿を抜くために陰茎に1本、計3本のホースが身体に刺さっていたそうです。

そのとき私の脳裏に、横浜で出会ったお坊さんの言葉がよぎったことを覚えています。

また、私の知人にも、インターネットで誹謗中傷や事実無根の書き込みによって商売の邪魔をされている人が数名いますが、その人たちに言うことは、嫉み心に負けている人を相手にしているうちは、相手に足首を握られているのと同じです。そういうときこそ下を見ないで上を見てください。

ライバルの嫌がらせに対し、どう対抗しようかと考えている間は、今、自分のいる場所で足固めをしているのと同じなのです。

その人たちが小さく見えるところまで飛躍してしまえば、あなたの足を引っ張ろうとする汚れた手はもう届かなくなります。

スタート地点への不満は動けない自分を作ってしまう

行動力の乏しい人に共通しているのは、「言い訳が多い」ということですが、その中でも、**行動がまったく起こせない人は、自分の置かれている状況に不満を訴える人が少なくない**ようです。

「あの人は親がお金を持ってるから、失敗しても生活に支障ないけど、私は親が貧乏だから、あの人みたいに勝負ができないのよ……」

「同じ店を持つって言っても、あの人は土地が親の所有地だから、資金がいらないけど、私が店を始めるとなると資金がたくさん必要なんですよ……」

言い出したら切りがないぐらいハンディーに不満を言います。

でも、運動会の徒競走じゃないのですから、スタート地点の違いに不満を言っても仕方ないですよね。

そもそもスタート地点の同じ人なんていませんよ。状況や境遇が同じ人を探すことのほうが難しいと思います。

ところで、私は心理カウンセラーとして引きこもりに悩む多くの方と接してきました。うつの症状から他人と接することができなくなった人、社会適応障害による極度の緊張から外に出るのが恐くなった人、他にも引きこもりの原因はたくさんあります。

しかし、引きこもりの原因を作り出した症状等は良くなっているのに、なかなか引きこもりから卒業できない人が少なからずいるのです。

そういった人たちのカウンセリングを進めていくと、ある共通点に行き当たるんです。

それは、**「自分は他人より損をしている」といった悲惨な状況を周りのみんなにわかってもらいたい気持ちが深層心理の中で見え隠れしている**のです。

これは引きこもりに限らず、心の病気を患った人も同じで、病状はほぼ改善されているのに、ある程度のところで止まってしまう人の多くが、潜在意識の中で「自分は他人より損をしている境遇を周りのみんなに理解してもらいたい」といった気持ちを抱えていたりします。

アダルト・チルドレン（機能不全家庭で育ったことが原因で成人してから病状を引き起こす心の病気）の人も、やはり、「親から受けた愛が人より少なかった」とか「生まれ育った環境が悲惨だった」など、「自分は他人より損をしている」その境遇を他人にわかってもらいたい気持ちが治りかけた病状を止めていることがあります。

つまり、**「自分は他人より損をしている境遇を周りのみんなに知ってもらいたい」といった気持ちは、心も体も動けなくしてしまう**のです。

たとえば、あなたが学生だったとして、学校へ行く途中、道路工事のためにいつもの通学路が通行止めになっていました。

あなたはいつもは通らない狭い路地を体を横にして抜けていきます。

しかし、狭い路地にはガラクタがたくさん積み重なっていて、ガラクタから飛び出ていた釘に制服を引っ掛けてしまい、あなたの制服が破れてしまいました。

時計を見ると、まだ家に引き返して着替えても間に合う時間です。

でも、自分の悲惨な状況をみんなにわかってもらいたいあなたは、破れた制服のまま学校へ行きます。そのままのほうが説得力があり、破れた制服を見せながらいきさつを話したほうが、みんなに同情してもらえるからです。

状況を直してしまったら説得力がなくなります。だから**自分は人より損をしていると訴える人は「そのままの状況に価値を持つ」**傾向にあるというわけです。

意識では「治りたい」と思っているのに、潜在意識が「その状況でいよう」とするから動けない。

この場合、「自分は他人より損をしていることをみんなに知ってもらいたい」といった気持ちが改善の邪魔をしていることを上手に伝えることができたら、クライアントたちは、たちまち変化を始めます。

成功願望を抱いている人もそうです。スタート地点に不満を言う人たちも、こういった深層心理が成功の妨げになっているのです。

あなたの足かせになっているのは「自分は人より損をしている」といった気持ちです。どこからスタートしても関係ありません。問題はゴールするかしないかです。**苦労してゴールしても、苦労しないでゴールしても、ゴールしてしまえば同じ成功者**です。

苦労話はあなたが成功するまで大事にとっておいてください。

ゴールした後で自分がどれだけ苦労したかみんなに聞いてもらえばいいんです。

それまでは誰も話を聞いてくれないと思います。

発展途上で不満ばかり言う人には誰も寄って来ないでしょう。**人は他人の愚痴と自慢話を聞くのが苦痛**ですからね。

アイディアがあれば成功できるのか？

私は、企業、個人業、ショップと、大小を問わず、催眠心理を元にした経営コンサルタントとしていろいろな会社とプロジェクトを組んでいます。

企業のコンサルティングとなると、数ヶ月単位の企画になり、しばらく通うこともよくあります。

当然、社員の方たちとも顔見知りになり、ご厚意にしていただくのですが、「催眠」というキーワードと「コンサルタント」というキーワードが斬新なビジネスを連想させるのか、よく取引先の社員の方から「何かビジネスになるアイディアはないですかね？」と聞かれます。

そんなとき私は決まって「インターネットを使って月3万円の不労所得ができたら教えてあげますよ（笑）」と言います。ほとんど挨拶代わりのようなやり取りをするのですが、あながち冗談を言っているわけではなく、私はビジネスにとってもっとも大切なことをほのめかしているのです。

ほとんどの方が、アイディアさえあればビジネスで成功できると思っているようですが、アイディアはあっても、それをお金に結びつける技量がなければビジネスにはなりません。つまり、ビジネスにはアイディアと、それをお金に結びつけるシステムの両方が必要なのです。

このシステムは、人から話を聞くだけではダメです。一度経験して自分のスキルとして完成させておかなければアイディアはあっても意味がありません。

たとえば、あなたは細かい作業をするのが好きで、携帯電話やスマートフォンのデコレーションでビジネスをしようと考えます。

まず、こういった商売をしているという宣伝をしないといけません。今ならホームページやメルマガ、ブログにフェイスブックなど、ネットを使って、それほど宣伝費をかけなくても広告を立てられます。

そして、ユーザーがあなたの仕事に対して、「お金を出してもいい」と思ったら、仕事を依頼してくるでしょう。依頼が来たら、次はお金と商品の受け渡しです。商品とお金の受け渡しは、銀行口座の情報を相手に知らせ、振り込みの確認が取れたら商品を発送する。または郵便局の代引き制度を使うやり方もあります。

当然、職種によって、お金に結びつけるシステムは若干違ってくるとは思いますが、こういった、商品の製作から代金の受け取りまでのループを一通り経験することが大切なのです。

どんなビジネスにもいろんなユーザーがいて、中には非常識なユーザーもいるわけです。非常識なユーザーに対しては、取り引きがスムーズに運ぶようにルールを設置しなければなりません。そのルールは非常識なユーザーと出会うたびに増やしていくことになるでしょう。

しかし、取り引きのルールをあまり厳しくしすぎると、購入までの壁が高くなり、常識のある普通のユーザーに影響を与え、売り上げが落ちてしまいます。この辺のサジ加減は、頭の中で考えただけでは見えてこないものです。

あなたがやるのと、他の人がやるのでは、同じビジネスでも違う形になることもあります。

進行するに連れてあなた独自の経営体制ができてくるというわけです。つまり、**あなた自身の経験が絶対に必要**だということです。

実践を積み重ねることによって、商品を作る、注文の窓口を作る、商品を宣伝する、そして商品の受け渡しと、あなた独自のビジネスループが完成形に近づいていくのです。

個性的なたくさんのユーザーと出会い、あなたのビジネスは完成していくのです。他人から話を聞いただけで完成するものではないのです。

しかし、ビジネスのループ（システム）が一度あなたの中で完成してしまえば、あなたの周りにあるものが、あれもこれもお金になることに気づきます。

ようするに、**ビジネスというのはアイディアより、お金に結びつけるシステムのほうが重要であり、かつ先に身に付けておくべきものだ**ということです。

だから最初はヒット商品といったものにあまり拘らず、月３万円ぐらいを目標にして、ビジネス・スキルを身につけるための練習から始めてみてください。

アイディアに潰されるアイディアマンたち

私の知り合いに「アイディアなんかいくらでもあるよ」「ビジネスのネタなんかどこにでも転がってるよ」などという人が数名います。

でも、この人たちは皆お金に困っています。お金に困っているにもかかわらず、アイディアを惜しげもなく人に話す。

これは、自分でやる気が無いからなんですね。だから人に話しても惜しくない。人に話して「自分は頭がいいだろう」とばかりに優越感に浸ることができる。

ある人は、初めて会った私にこんな話をしてきました。

「携帯電話でできる占いカウンセリングというのをやろうと思っているんですよ……女の子は占いにたくさんお金を使いますからね～、今、ホームページを業者に依頼して、携帯電話会社にも申請しているところなんです……」

そう言っていた彼と1ヶ月ほどたって再会すると「今ヒップアップ・ダイエットの事業を始めるのに忙しいんですよ」と言うのです。

私が「携帯の占いカウンセリングはどうしたんですか？……ホームページはできたんですか？」と聞くと、「あぁ、あれはキャンセルしました……今はダイエットがブームですから、今やるならダイエット関係ですよ……女の子は自分が綺麗になるためならいくらでもお金を出しますからね……」と言う。

そして、また次に再会したときは、婚活サイトを立ち上げていると言います。ヒップアップ・ダイエットの話など、まるで無かったことのように婚活サイトについて熱く語るのです。

彼は自分が怠慢に汚染されていることに気づいていません。

どんな目標も、達成するまでモチベーションを保ち続けるのは、予想以上にしんどいものです。しんどくてつまらなくなるから、自動的に次のアイディアに夢中になる。

すぐにお金に結びつかないからモチベーションを保てず飽きてしまうのです。

ひとつのことを達成する前に次のアイディアが浮かんできたときは、自分は得していると思ったら大違いです。**怠慢という怪物が邪魔をしにきた**と思ってください。

そうじゃないと、あなたに「負け癖」がついてしまいます。

途中で新しいアイディアが浮かんで、今、進行中の作業が面白くなくなって、辞めたくなっても、ここは我慢して、一度「こうだ！」と決めたことを最後までやり遂げてください。一度決めたことを最後までやりぬくことが、自分に「勝ち癖」をつける第一歩です。

また、途中で辞めない信念を持つと、安易な考えで軽率な行動を起こすこともほとんど無くなります。

成功者になるには、斬新なアイディアより、一度決めたことをやりぬく実行力のほうが遥かに大切なんです。

現実での成功を手に入れるには現実に基づいて行動する

ネットビジネスでの成功を夢見て、自己啓発や成功哲学を一生懸命に勉強している女性と出会いました。

見方を変えると成功オタクのようにも見えましたが、彼女と接していて思うことは、かなり我が強くわがままな部分が見受けられたことです。

彼女の座右の銘は「感情に逆らわずに生きること」なのだそうです。

彼女が読んだ本の中に、「成功するためには無意識から突き上げてくる感情を大切にしなさい」と書いてあったらしく、その文章を読んだとき、彼女は「素晴らしい」と感動したそうです。

でも、この女性が成功するのは難しいと思います。なぜなら、**「成功の邪魔をするのはいつも感情」**だからです。

ＮＩＣ理論では、感情を大切にするのではなく、感情を無視する技術を大切にします。

彼女は「成功したい」、そのためにビジネス書を読んだりネットビジネスのセミナーに参加したりと、お金をたくさん使ってノウハウを手に入れています。

彼女の行動力には感心します。でも、面倒くさいことに直面すると、いつも言い訳をこじつけて逃げてしまいます。

そのときの言い訳が「成功するためには無意識から突き上げてくる感情に逆らうな」というフレーズです。

でも、彼女の座右の銘を裏返すと「やりたいことだけやる」になってしまいますよね。

また、彼女は風水や占いの勉強もしていて、自宅は玄関からトイレに至るまですべて風水の色に染まっています。

もちろん風水や占いを活用するのはひとつの方法だと思いますが、彼女のように極端になってしまうとせっかくの素晴らしい教えも台無しです。

仕事の打ち合わせで人と待ち合わせしても、「その日は午前中で終らせて欲しい」と言って、商談の途中でも12時を過ぎると「帰る」と言い出したり、大事な打ち合わせのときも「今日は家を出られません」などと言います。

成功を手に入れられるかどうかのキーマンとなる方とアポイントを取り、引き合わせる段取りをしても「日にちを調べてからお返事します」と言う。よほど大切な用事でもあるのかと尋ねてみると、「その日は運気が悪いので違う日にしてください」などという始末。

私が知っているだけでも彼女はたくさんのチャンスを逃がしています。

せっかくの風水や占いも、彼女のように**主体性を無くしてしまったら逆効果**です。

こういった非現実的なことにとらわれだすとなかなか治りません。

心の病気にも、同じように非現実的なものにとらわれる症状があるのですが、ある女性は鏡を見ることを非常に恐れていました。

鏡を見ていると、自分の後ろに誰か（霊とか）が映るのではないかと、恐怖で化粧もできないのです。これでは日常生活もままなりません。

こんな場合、**現実に基づいて行動する**経験を積み重ねていきます。

彼女は毎回「現実に基づいて行動する」という自己暗示を心の中で唱えながら少しずつ鏡を見る練習をしていきました。

心はいつも行動についてきます。「恐いからやらない」から「恐いけどやる」といった、感情を無視する技術を育てるのです。

彼女が鏡恐怖症を克服したときには、「なんで現実には無いものをあんなに恐れていたんだろう？」と、現実世界から離れたところで苦しんでいた自分がとても損をしていたことに気づくのです。

目標を達成する「書き出し」の本当の使い方

先日、スーパーのテナントでパン屋さんをやっているご夫婦とお話をする機会がありました。

ご主人のほうは、若い頃から成功者を目指していて、潜在意識を活用するあらゆる方法を試みたそうです。

やはり、成功イメージを浮かべたり、自己暗示をしたりと、自分が入手した方法はすべて取り入れていたみたいです。

中でも、彼が力を入れていたのは、「願い事を紙に書く」といった方法で、初めてこの方法を学んだとき、何か感じるものがあったと言います。

「俺は大会社の社長だ」「俺の月収は5000万だ」「俺は豪邸に住んでいる」といった単語をたくさんの紙に書き、トイレの壁一面に張っているそうです。

「女房に、友達が来たとき恥ずかしいからはがしてって言われてるんです（笑）」といった話に始まり、「文はできるだけ短くするのがコツです」「すでに完了しているように断言しないとダメです」「遠慮していてはダメです……欲張りなぐらいに大きな目標を書くんです」と言って、セミナーや本で学んだことをたくさん話してくれました。

しかし、**願い事を紙に書いても願望は達成できません。**

彼は、私がコーチングしている生徒ではないので、余計なことを言ってせっかくの情熱を冷ましてしまうのも野暮《やぼ》なので、その場は何も言わず黙って聞いていましたが、第1章でも述べたように、**どんな画期的な方法を使っても、自分の中に無い能力は引き出すことができない**のです。

彼が、紙に書く成功法のセミナーに参加したとき、「私の事業は順調だと紙に書いて毎日、声に出していたら、本当に潰れかけだった会社が立ち直りました」とか「私は司法試験合格と書いた紙をトイレの壁に貼っただけで本当に合格しました」といった話をいろいろ聞かされたみたいです。

確かに、自己変化を起こす場合、書き出しは有効です。

しかし、「願い事を紙に書けば現実になる」といったようなものではありません。

わかりやすく言うなら、**自分の頭の中にある思考パターンでは解決できないものや、頭の中では整理できないものを、頭の中から一度外に出して、別の思考パターンで解決を試みたり、自分でも何を目標に行動したらいいのかわからなくなったときに書き出しを使う**のです。

書き出し作業と言えば、古くからうつ病の治療に使われている『認知療法』という方法があります。

とりあえずオーソドックスなやり方を簡単に説明してみましょう。

まず最初に「思考記録表」という7つの項目に分けた表を作ります。

①事柄の状況

（いつ、どこで、誰が、何をしたのかを書きます）

〔例〕２０１３年7月29日、朝7時20分ごろ、通勤途中の道路で自分の前に遅い車がいたので交通違反を犯して前の車を追い越した。

②気分の分析

（そのときの各気分をパーセンテージで表します）

〔例〕※怒りが60％　※イライラが80％　※焦りが30％

③自動的思考

（その状況で自分が考えたことを書きます）

〔例〕「通勤ラッシュの時間帯は普段よりスピードを上げて走るのが常識だ」

④根拠と裏づけ

（自分の考えを正しいと思う根拠と裏付けを書きます）
〔例〕「どんなこともケース・バイ・ケースで、いつも同じことしかできない奴は応用の利かない奴だ。人間的に劣っている。裏づけは、俺が通っていた小学校に、応用の利かない奴がいて、そいつは人間的に変な奴だった」

⑤反証

（自動的思考と矛盾する事柄を探す）
〔例〕「応用が利かない奴が人間的に劣るというのは俺の偏見かも知れない。またはみんなと同じルールが守れない自分は協調性が足りないのかも知れない」

⑥改善思考の適応

（今までとは違う考え方、ときには正反対の考え方をしてみる）
〔例〕「前を走る遅い車は、俺がスピードを出し過ぎていることを知らせるものであり、俺を事故から守ってくれているのかも知れない」

⑦思考および行動の改定後の気分の分析

（同じような状況で新しい考え方を適応したときの気分をパーセンテージで表す）

〔例〕　※怒りが10％　※イライラが20％　※焦りが10％

このように、頭の中では整理できず、うまく処理できない事柄を一度外に出すことで、客観的に自分を見直すことができるのです。

あるブティックの女性経営者は、傲慢《ごうまん》なお客さんに対して、いつも無愛想な態度で接するため、トラブルが絶えませんでした。

自分でも「相手はお客さんだから、少々は我慢しなければ」という気持ちは心の隅にあるのですが、どうしても傲慢なお客さんが許せず、反抗的な態度をとってしまいます。

この女性経営者は、思考記録表に項目を書き出すことで、**自分には「不愉快にされたら、不愉快にして返さないと気が済まない」といった心の一部があることを客観的に確認**できました。

子どもの頃に植えつけられた**「やられたらやり返す」**の精神です。

しかし、認知療法の手法を応用することで、**「自分は経営者であり、お客さんは友達ではなく、お金を使った分、わがままを言いに来ているんだ」と考え方を改め、接客態度が改善されていった**のです。

接客態度が改善されると、今まで気分を悪くして帰っていたお客さんもお金を使っていくようになります。すると、当然のごとく売り上げも上がります。売り上げが上がるから、さらに接客が優しくなるといったポジティブなスパイラルに転じていきました。

もし、この女性経営者が書き出し作業をやっていなかったら、お店は潰れていたかも知れませんね。

ちなみに、願い事を紙に書いて、奇跡が起こるのを待っている人は思いのほかたくさんいます。しかし、願い事を紙に書いただけで叶うわけもなく、モチベーションを保つための行為としては少々パワー不足です。

やはり、書き出し作業は、同じ失敗を繰り返したり、自分が何をしていいのか解らなくなったときに、考え方を改めるためのアイテムとして活用するべきです。

バイオリズムの有効利用が人生を変える

私たちの人生に与えられた時間は無限ではありません。いつしか終わりが来る有限です。限られた時間の中で、人生を有意義に生きるためにはちょっとしたコツがあります。

まず、人間が心を持っている以上、避けられないのが**『心のバイオリズム』**です。どんな人でも心の浮き沈みがあります。心のバイオリズムによって、意味も無く心の沈む時が誰にでもあるということです。また、心が沈んでいる時は何をやってもうまくいきません。

しかし、この低迷期をうまく活用することによって、速やかに目標を達成することができるのです。

人は自分がハッピーなときには多くのことを学べません。逆に、**心の低迷期は、ある種の自然トランス状態（普段の意識とは違う意識状態）に入っていて、たくさんのことが学**

べる状態になっています。

もし、あなたが会社を興そうと思っているのなら、経済について勉強するのはこのときです。心理カウンセラーを目指しているのなら、このときに心の勉強をするのです。

つまり、心の低迷期は、学びのときであり、「何をやってもうまくいかない」と苦しむ時期ではなく、バイオリズムによって与えられた飛躍のための「準備期間」なのです。

バイオリズムは能動性と受動性を繰り返します。

心が能動的になっているときは物事を学ぶのが難しく、心が受動的になっているときは、がむしゃらに何かをやってもほとんどうまくいきません。

つまり、**無駄なく、速やかに飛躍するためには、バイオリズムに合わせて能動的行動と受動的行動を使い分ける**のです。

どうせ来るなら自ら飛び込め

人は自分が持っている器の分しか幸せもお金も入ってこないと言いました。あなたの人生は器に左右されていると言っても過言ではありません。そして、先ほど説明したバイオリズムですが、この器の中でも変動を繰り返しているのです。

何か良いことがあったら、必ずそのあとに悪いことがあります。逆に悪いことがあっても、そのあと必ず良いことがあります。

お金に関してもそうです。年収が４００万円の器を持った人は、途中、多少の出費または臨時収入があっても、器の域を基準に起伏を繰り返すだけで、気が付いたら普段の自分に戻っています。

先ほどのバイオリズムの有効利用の中で、低迷期の価値を尊重する考え方と利用法を説明しましたが、ＮＩＣ理論では、この器の中の起伏も同じように利用します。

一年周期で区切ってみても、ポジティブな時期とネガティブな時期を繰り返しています。良いことがあっても、まるでそれを調整するかのように悪いことが起こります。

自分が持っている器に、まるで空調のセンサーがついているかのように、上がっても元に戻り、下がっても元に戻ります。

当然、器のバイオリズムは意識の力でコントロールできませんから、やはりネガティブな状態のときをどう利用するかで人生が変わってくるのです。

もし、**あなたに良いことが起きたら、何でもいいからあなたの苦手なものに対して「恐怖突入」をしてください。**そうすることで、起こるはずだった嫌なことがもう起こらなくなります。

つまり、**嫌なことを自ら体験し、心に負担をかけるのです。いわば、バイオリズムのツケを積極的に払い、自ら帳尻を合わす**のです。

たとえば、あなたが他人の目が気になる人で、窮屈《きゅうくつ》な生活を送っているのなら、一人でファミリー・レストランへ行って食事をしてください。

他人にどう思われるかばかり気にしているあなたが、ファミリー・レストランで、一人で食事をするのはかなり苦痛だと思います。しかし、元々苦痛を味わわなければ意味の無い恐怖突入ですから、あなたに損はありません。そして、この恐怖突入を終えたあとには、今後の生活を楽にしてくれる主体性があなたの中で産声を上げています。

もし、あなたがあがり症で悩んでいる人なら、少人数が相手でもいいから、自己紹介ができる場に行き、少し恥をかいて苦痛を味わってください。この苦痛を突き抜けたとき、あなたの器は拡張を終えています。「人前で自己紹介をした」という経験があなたの潜在意識に残るのです。

器が拡張しない限り、良いことがあったあとには、どこへ逃げても必ず悪いことがあります。それなら、将来のあなたにとって価値のある嫌なことを自分で選択しましょう。

成功のコツを掴んだ内気な男性

倉庫管理会社に入社して13年目を迎えるある男性のお話です。

この会社は、長く勤めてくれた人を就任させていく、いわゆる年功序列制度の会社です。勤続年数が10年を超えた者から役付きがはじまり、主任、係長、課長、部長と出世をしていきます。

当然、同期の中で優秀な者に役が付いていくのですが、ある男性は10年勤務を超えたと同時に、主任への就任が決まりました。

部長に呼ばれ、「この4月から主任として頑張ってくれ」と内示を受けます。

しかし、信じられないことに、「私は責任を負うのが苦手だから他の者を主任にしてください」と言って断わってしまうのです。

これは後でわかったことですが、彼は他人に批判されることを極度に恐れていました。彼が小学校5年生のときのことです。学級委員に選ばれた途端、周りからイジメられるようになり、仲の良かった友達からも「お前、学級委員なんだから自分でやれよ」と言って、放課後の掃除や雑用など一人でやらされた経験があったのです。

彼は俗に言うトラウマを持っていたんですね。

でも、主任に就任すれば、この会社は役職手当が月に3万円も付きます。基本給は上がるし、家で待っている奥さんは大喜びです。

しかし、彼が家に帰って就任を辞退したことを話しても、奥さんは「今より仕事が大変になるのなら出世なんてしなくていいですよ」と彼を責めたりしなかったのです。

奥さんだって、本音は平社員から昇格してもらいたいはずです。

私は彼に『主体性』を持つように言いました。


「あなたがどれだけ他人に良い人だと思われたくて頑張ったとしても、はたして周りの人はあなたを良い人だと評価してくれるでしょうか……？　人を悪く言う人は、あなたがどんなに頑張っても良くは言わないだろうし、人の良いところを観る人は、そんなに頑張らなくてもあなたの良いところを観てくれると思いますよ……他人の評価ばかり気にして生きるということは、他人の価値観で生きているのと同じです……自分の人生ですよ……」


実は、就任を断わったときから、彼はずっと自分を責めていたのです。

次の年も部下に先を越され、また次の年も部下に先を越されてしまう……。

そして、最初の内示から3年目の朝のこと、課長が彼のところへやってきて、「やっぱり主任になる気は無いのか？」と聞きます。

その課長の声は、周りのみんなに聞こえていたらしく、彼は「平社員のほうが気が楽だから……」と、当然のように断わってしまうのです。

しかし、ここで彼は奥さんと子どものことを思い出し、自分が情けなくなって、なぜか足がガタガタとむしゃ震いを始めたそうです。

「もう誰に何を言われてもいい！……言いたい奴は言え!!」「お前、本当は主任になりたかったんだろ？　そんなふうに思う奴がいたら勝手に思え!!」「そうだよ、俺はどう思われてもいい……嫁と子供に少しでもお金をもって帰ってやろう!!」

そう思った彼は、オフィスを出て行こうとする課長に向かって、「課長!!……さっきはすみません!!……私を主任にしてください!!」と大きな声で叫んだそうです。

ここの会社では、自分から出世を志願する者はいまだかつていなかったらしく、周りはみんな呆然としていたそうです。

願望を目の前にして、最後の最後にものをいうのはこの突破力です。

主体性をしっかりと持った、なりふり構わないこの突破力があなたの夢を叶えるのです。

おわりに

「あとがき」に代えて、あなたの潜在意識に話しかけさせていただきます。

想像してください……。

あなたの目の前に、石垣《いしがき》でできた長い上りの階段があります。
そして、階段の一番上にはあなたの願望が待っています。
でも、頂上は果てしなく遠い……。
おまけに辺りは真っ白な霧がかかっていて自分の目線より上は見えなくなっています。
みんな目線から上がどうなっているのかわからないので最初の一歩が踏み出せません。
でも、あなたは目線より上は見えないけど、目線の高さまでは見えているので、「とりあえず一歩だけ上がってみよう」と思い、第一歩を踏み出します。

すると、さっきまで見えなかった目線より上の高さが少しだけ見えることに気づき、あなたはもう一段、登ってみることにします。

すると、またさっきまで見えなかった高さが見えるようになりました。

あなたはどの高さにいても〝自分の身長の高さは見えることを悟る〟のです。

「見えないところから色々考えるより、一歩だけでも上がってみればいいのに……」と他の人のことを考えながら、後ろを振り返ると、階段の一番下では、試行錯誤している人に、なにやら**黒いスーツに黒いメガネをかけた人**が近寄り、話かけています。

「階段を一段一段上がるなんてバカのすることだよ……こっちに近道があるから教えてあげるよ……」

他の人たちが気になりながらも、あなたは前を向き、また一歩ずつ上がっていきます。

しばらくすると、周りを覆っていた霧が綺麗に無くなっていることに気づきます。

このあたりで少し休憩をしようと思い、汗を拭きながら下を見下ろすと、驚くことに、黒いスーツに黒いメガネをかけた人たちが数え切れないぐらいたくさんいるのです。

まるで旅行会社の添乗員《てんじょういん》のように旗を持ち、試行錯誤している人たちをぞろぞろと引き連れて階段とは反対の方向に歩いて行きます。

あなたはそんな光景を尻目に見ながら、階段を見つめ、また一歩、そしてまた一歩と、少しずつ上がっていく。

階段を上がるのも少し慣れてきた頃、途中に人だかりができていました。

「みなさん、ここで何をしているのですか？」

「ここで待っていると、**白いベールをかぶった美人**が美味しい酒と料理を持ってきてくれるらしいんだよ」

「へー、そうなんですか？……ところで、どのくらい待ってるんですか？」

「私は1年……あの木の陰にいる人は3年……あそこで寝ている人は10年かな……？」

「本当に酒と料理は出てくるんですかね……？」

「ああ、あの10年待ってる人は昔、毎日のように酒と料理を振舞われていたらしいよ」

「酒と料理で豪遊ですか……うらやましいですね……でも、ぼくは階段の一番上がどうなっているのか知りたいので先へ進みます……」

あなたは大衆を掻き分けて、また階段を一歩ずつ上がり始めます。

そのまましばらく上がると、今までいびつな形をしていた石垣の階段が、心なしか均等な形になってきたような気がします。

「もう階段を上がっている感じがしないな…平坦地《へいたんち》を歩いているのと同じぐらい疲れなくなった……」

そう思い始めたとき、後ろからすごい勢いであなたを追い抜いていく男性がいます。

なんと、その男性は背中に少年を背負ったまま階段を駆け上がっていくのです。

どうやら、自分の子どもを背負っているようです。

背中の少年は安心しているのか、気持ち良さそうに父親の背中で眠っています。

あなたはそんな親子を羨ましくも思わず、自分のペースで一歩ずつ上がっていきます。

そのまま階段を上がっていると、再び休憩所が見えてきました。

ここにもたくさんの人がいます。

みんな酒と料理を堪能しているようです。

あなたのところにも白いベールをかぶった美女が酒と料理を運んできました。

「あなたはここへ来る途中の休憩所でみんなにお酒と料理を振舞っていた人ではないのですか？」

「ええ……でも私は同じ場所に長くいることができないんです……」

「では、いつかここからもいなくなるんですか？」

「はい、**それが私の宿命**です……」

周りを見ると、みんな階段を登る気力を無くしています。

中には、小屋を建てて一生をこの休憩所で過ごそうとしている人もいます。

でも、あなたにはある思いが浮かんできました。

「ここにいる人たちが一気に階段を登り始めると、階段が混雑して身動きが取れなくなる……よし、みんなが休憩している間に、ひそかに頂上を目指そう……」

そしてあなたは再び階段を登り始めます。

しばらく行くと立て看板が立ててあり、そこには「まもなく頂上」と書いてあります。

「やっと頂上が見えてきた……」

足元を見ると、ただの石だった階段が大理石になっています。

でも、頂上に上がり切る最後の段には、なぜか**大きな牛**が横になっています。

牛を飛び越えなければ、頂上へたどり着くことができません。

しかし、牛を飛び越えると、あなたが**今まで大事に暖めてきた物**がポケットの中から落ちてしまうかも知れません。

それでも、牛を飛び越えなければ頂上へは行けない。

あなたは勇気を出して牛を飛び越える決意をします。

そして思い切ってジャンプする！

やはりジャンプの瞬間に、ポケットの中の物が全部落ちてしまいました。

でもポケットの中の物と引き換えに、あなたは頂上にたどり着くことができたのです。

頂上にたどり着いたあなたは、周りの人たちを見て気づきます。

今まで大事にしてきたポケットの中の物は誰も持っていなかったのです。

頂上へ上がるためには最初から必要なく、ただポケットの中を重くしていただけだったことに気づくのです。

それにしても頂上から見下ろす景色は最高です。

酒は旨いし、料理も最高です。

周りは美人だらけで何でも言うことを聞いてくれる。

あなたは試しに白いものを指差して、「あれは黒だよね?」と言ってみる。

するとあなたの周りを取り囲む美人たちはみんな「はい、黒です」と言う。

「世界が変わるというのはこういうことをいうのか……?」と改めて実感する。

ふと、あなたは自分が上がってきた階段を懐かしく思い、そっと下を見下ろします。

でもその想い出に浸ろうとした、まさにそのときです。

下から大きな**ロプロスという怪鳥**が羽をバタつかせてすごい勢いで上がってきます。

くちばしを見ると誰か人をくわえているようです。

ロプロスは、ときおり無作為《むさくい》に誰かを選び、くちばしにくわえて地上から階段の頂上へと上がってくるのです。

そして口にくわえていた人を降ろしてロプロスはどこかへ飛んで行きます。

しかし、ロプロスに連れてこられた人は、なぜかほとんどの人が階段を駆け下りていきます。

本人はパラダイスのようなこの頂上にずっと居たいのに、体が勝手に階段を降りていくのです。まるで体だけが頂上におびえ、早く元いた場所に戻りたいと叫んでいるように……。

あなたは階段を駆け下りて行く人を見ながら、なぜ自分は頂上が恐くないのか考えてみました。

「そうか、ぼくは一歩ずつ小さな不安を自分の足で踏み越えてきたからすべての恐怖を乗り越えていたのか……」

自分の足で上がってきたあなたを恐がらせるものは、もう頂上にはありません。しかし、頂上にたどり着いたとき、想像していたような感動もありません。

喜びも階段を一段、一段上がるごとに味わってきたからです。

それでも、あなたが夢を叶えてパラダイスのような所にいることは確かです。

ただ、そんなパラダイスのような所にも嵐はやってきます。

すごい雨が降ってきました。

雨に耐えられず、何人かの人が階段をころがり落ちていきます。


今度はすごい風が吹いてきました。また何人かの人が階段をころがり落ちていきます。

次は雷です。あなたは雷に弱かったみたいです。階段の一番下まで落ちてしまいました。


一番下まで落ちたあなたは、ゆっくりと立ち上がり周りを見回します。

右側には少年が膝を抱えて座り込んでいる。

あのお父さんの背中で気持ち良さそうに眠っていた少年です。階段の上がり方がまったくわからないので、もう階段を上がることを完全に諦めています。


左側には騒がしい男性がいます。歩く人を捕まえては頂上を指差し「俺はあそこに居た人間だ」と一生懸命に訴えている。よく見るとロプロスがくちばしにくわえていた人です。

でも、あなたは何の躊躇《ちゅうちょ》もなくニッコリと微笑みながら階段を上がっていく。

自分の足で頂上まで上がった経験のあるあなたは、誰の助けも借りず、おのれの足で上がっていけるのです。

【著者プロフィール】
林　貞年（はやし・さだとし）
株式会社ニック　代表取締役社長
婚前セラピー　CEO
催眠誘導研究所　所長
催眠誘導研究会　会長
1964年、香川県生まれ。労災病院勤務心理カウンセラー時代の経験と、長年にわたる催眠の研究と実績により、独自の経営コンサルティングを発足。催眠心理を活用したコンサルティングは経営不振のショップから中小企業の業績アップに貢献する。テレビ・バラエティー番組に出演するほか、人気ドラマの監修および技術指導を手がける。催眠術のかけ方から催眠療法の技術まで、個人の能力に合わせた直接指導は海外からも高く評価されている。
著書に『催眠術のかけ方』『催眠誘導の極意』『催眠術の極め方』『スーパー・ベーシック催眠導入』『催眠恋愛術』『魅惑の催眠恋愛術』（現代書林）、『催眠術入門』（三笠書房）、『催眠術の教科書』（光文社）ほか、DVD「映像で学ぶ催眠術講座『催眠術のかけ方』」「映像で学ぶ催眠術講座『瞬間催眠術』」（現代書林）は、決してテレビ等で公開されることのなかった催眠術の裏側を映像化して話題になる。

【ホームページ】
●催眠誘導研究所　本部
http://hayashisadatoshi.com/
●催眠誘導研究所　東京オフィス
トータル・アソシエーション
http://totalassociation.com/
●催眠術師　林貞年の世界
http://www.gendai-saimin.com/

上位《じょうい》1%の成功者《せいこうしゃ》が独占《どくせん》する願望達成法《がんぼうたっせいほう》

2014年3月18日　初版第1刷

著　者 ――――― 林《はやし》　貞年《さだとし》
発行者 ――――― 坂本桂一
発行所 ――――― 現代書林
〒162-0053　東京都新宿区原町3-61　桂ビル
TEL／代表　03(3205)8384
振替00140-7-42905
http://www.gendaishorin.co.jp/

カバー・本文デザイン ―― 吉﨑広明
本文イラスト ――――― 中山成子

印刷・製本：広研印刷(株)
乱丁・落丁本はお取り替えいたします。

定価はカバーに
表示してあります。

ISBN978-4-7745-1455-0　C0030